英単語ピーナツほどおいしいものはない

銅メダルコース

清水かつぞー ◆ 著

南雲堂

PEANUT

協力者を紹介させていただきます。

題名英訳
ジャパン・リサーチ

英文校閲
Frederick M.Uleman
Richard Best

校正協力／訳語相談
かんざわ遊歩　林　慎市
広田伸樹　丸山美樹

作詞
川村　徹

イラスト
はまの ふみこ

デザイン
アド・フォーラム制作会議

制作
工藤皓久　柏木宣敏

応援団
上野博美　結城和弘　安倍弘子
田島里奈　小林光男　中村尚美
諸橋哲哉
東北高校創進コース第一期生

編集
青木泰祐　原信雄

ありがとうございました。

「英単語ピーナツ」に期待する

國弘正雄

　親しい知人と食事をしているとき、途中で手持ちの英語の雑誌にパラパラと目を通すくせがある。興味ひかれる表現にであうと、つい相手に言ってみたくなる。この本の著者の清水加津造君もそういう友人のひとりだ。

　その「興味ひかれる表現」の中に、いわゆるコロケーション、具体的にいうと、動詞＋名詞、形容詞＋名詞の連語がかなりの割合を占める。日本人として英語の現場に身をおいた経験は少ないほうではないと自負しているが、どうやら、何年たってもコロケーションとは縁が切れないようだ。

　僕がみなさんがたの年齢のころ、熱烈に愛用した辞書に勝俣銓吉郎先生の『英和活用大辞典』がある。これは日本が世界に誇れる連語辞典で、著者が50年かけてひとりで集めた20万ものコロケーションを集大成したものだ。僕はこの辞典を文字どおり韋編三絶、やさしく言えば、3冊引きつぶした。さすがに今では内容がやや古くなったと、批判する人もいるが、どうも批判ばかりが先にたって、現代のコンピューター時代にふさわしい、代わりのものがなかなか出てこない。

　ところで、受験のために単語を覚えるにも、最初から連語で覚えていったほうが、便利にきまっている。ところが清水君によると、それが受験単語集の常識にはなっていないらしい。あいも変わらず、intellect＝知性、と一語単位でやっているという。「そんなら、

君が作ってしまえ」とすすめたのが、たしか4年前だった。

　それにしても「**英単語ピーナツ**」とはうまく名づけたものだ。凝り性の清水君らしく、いろいろと工夫がゆきとどき、楽しい本になっているが、単なる人目を惹くことが目的だけの際物ではない。筋目正しい正統派の筋が一本ピンと入っているのに、皆さんもすぐ気づくであろう。

　この本がきっかけとなって、コロケーションの面白さに目覚める若いひとが増え、百万、千万単位の出典付き例文を自由自在に、しかも安価で参照できるような作品が生まれるのを期待するのは僕だけではあるまい。なんといっても、**あるがままの英語こそ最高の辞書**、なのである。

國弘正雄（くにひろ　まさお）
　1930年東京生まれ。「同時通訳の神様」として知られる。NHK教育テレビ講師を経て、文化放送「百万人の英語」講師、東京国際大学教授、上智大学講師、お茶の水女子大学講師を歴任。三木内閣時に外務省参与として、外交交渉の舞台で活躍。1989年から1995年まで参議院議員。75万部の大ベストセラー『英語の話しかた』（サイマル出版会、1970）、エドワード・T・ホール『沈黙のことば』（共訳　南雲堂、1966）他、著書多数。

Going for the Bronze
この本の使い方

★ピーナツ方式で、一気に1307語を食べてしまおう！

　ピーナツには豆が2つ入っていますね。『英単語ピーナツ』も「形容詞＋名詞」や「動詞＋名詞」などの2語の連語からできています。

　たとえば「熱意を共有する」という意味の share the enthusiasm というフレーズには、share（共有する）という動詞と enthusiasm（熱意）という2つの単語が含まれています。このようなカタマリのことをコロケーションと呼びますが、ひとつのコロケーションを学習すると、2つの単語をいっぺんにおぼえることができるわけです。

　また、英文を素早く話したり書いたりするには、単語と単語をまとめてスピーディーに運用することが重要です。
本書では、このような、英単語のピーナツ、つまり連語が、1ページに10個、端数を合わせると、全部で777個入っています。

　777語といっても、一つ一つの連語には複数の単語が含まれているわけですから、この1冊（銅メダルコース）で、合計1307個（INDEX収録語数）の英単語をマスターすることができるわけです。

★様々な学習法を組み合わせれば効果は倍増だ！

　本書と音声CDを使えば、様々な形式の学習が可能になります。英単語を暗記するには、あまり形式を固定せずに、マンネリ化を避けることも重要です。ここでは、ピーナツを使った様々な勉強方法を紹介したいと思います。

1．日本語→英語【英作文方式】（もっとも標準的な学習法）

　日本語→英語の流れで食べていきます。単語のスペリングを2字か3字ヒントとして与えてありますから、これを頼りに全体のスペリングを思い出してください。頭の中でやってもかまいませんが、最初の

Going for the Bronze

　うちは紙に書いていくことを勧めます。わからない単語は、左側のABC順に並んだリストから選んで、素直に書き写しましょう。書き写す際に英単語を音読するとさらに頭に残ります。答えは裏のページにあります。ヒントだけで食べられたピーナツには、印をつけておきましょう。見本にあるように、正の字を書いてもいいし、日本語の周囲に点を打って囲んでもいいでしょう。よりくわしい説明は、銅メダルコースの『英単語つれづれ草』にのっていますから、覗いてみてください。

　この学習法にピッタリの日本語→英語の流れの音声データを別途ダウンロード販売（定価440円）しています。デジタルオーディオプレーヤーなどに入れて持ち歩き、７７７個のピーナツを完全に消化してしまいましょう。

Nan'Un-Do's STORE　https://nanundo.stores.jp/
『英単語ピーナツ』で検索！

２．英語→日本語【即答通訳方式】

　英語に強くなるには、スピードを磨くことが大切です。連語を先に英語で見て、日本語に還る練習をしてみましょう。この練習をするときには、ピー単を反対側からめくっていくとよいでしょう。日本語はわざわざ紙に書く必要はないでしょう。口頭で言ってみたり、頭の中でやってみて、できなかったものにチェックを入れていき、次の回はその連語を集中的に復習しましょう。

３．音声→日本語【口頭通訳方式】

　本書に付属のCDを用いて通訳訓練をやってみましょう。耳で聞いた英語をすぐに日本語にする訓練をします。最初は本の英語を見ながらでも大丈夫ですが、最終的には、耳だけで英語を聞きながら、日本語の意味がすべて出てくるようになるまで練習しましょう。

Going for the Bronze

4．音声→リピート【英英直解方式】

　発音の練習と英語のまま意味を理解する訓練をかねて、英語の音声をリピートしましょう。英語のまま概念が頭の中に描けるようになることが、最終的な目標となります。日常的にこの訓練を繰り返すことにより、英語の感覚が頭の中に定着していきます。また、英語を反射的に発話する訓練にも最適です。

★さあ、それでは早速ピーナツを食べ始めましょう！

　　◀アク→**アクセント注意**　◀発音→**発音注意を示す**
　　※発音は原則として米語音を採用　※イタリック部分は省略可能

この使用法は故清水かつぞー先生の遺志を受け継ぎ、清水かつぞー先生、國弘正雄先生の教え子でもある安河内哲也が作成しました。

Going for the Bronze

ピー君です。
厳しくやさしい
トレーナー

チェック欄・使い方自由。

テーマ・
分野別

1 この本が 単語力 の 増強 を 可能にする 言語
This book will en..le you to in....se your voc.....ry.

2 動詞 を 分類する
cl....fy v..bs

3 さまざまな 意味
a va...ty of mea...gs

4 意味 を 当てる ← 問題文
gu..s the mea...g

5 意味 を 伝える ← ヒントです。
con..y the meaning

6 単語 を 発音する
pro....ce a word

7 発音 を まねる 正 正 下 ← 正答回数の記録
im..te her pro.......ion

8 声を出して 本を読む
read a book al..d

9 練習 すれば ちゃんと 出来ます
Pra....e makes per...t.

10 流暢な 英語を話す (りゅうちょう)
speak fl...t English

お助けリスト（ABC順）

aloud
classify
convey
enable
fluent
guess
imitate
increase
meaning
perfect
practice
pronounce
pronunciation
variety
verb
vocabulary

最初は指でかくす。

お助けリストに対応する
日本語・英単語には
薄い色がついています。

Going for the Bronze

やあ、いらっしゃい

aloud
classify
convey
enable
fluent
guess
imitate
increase
meaning
perfect
practice
pronounce
pronunciation
variety
verb
vocabulary

1　この本が 単語力 の 増強 を 可能にする　言語
This book will en..le you to in....se your voc.....ry.

2　動詞 を 分類する
cl....fy v..bs

3　さまざまな 意味
a va...ty of mea...gs

4　意味 を 当てる
gu..s the mea...g

5　意味 を 伝える
con..y the meaning

6　単語 を 発音する
pro....ce a word

7　発音 を まねる
im...te her pro.......ion

8　声を出して 本を読む
read a book al..d

9　練習 すれば ちゃんと 出来ます
Pra....e makes per...t.

10　流暢な 英語を話す
　　りゅうちょう
speak fl...t English

1 Going for the Bronze

🔘 CD 2

1 This book will enable you to increase your vocabulary.
[inkríːs] ◀ アク [voukǽbjuleri]

2 classify verbs
[klǽsifai] [və́ːrbz]

3 a variety of meanings
[vəráiəti] ◀ 発音 [míːniŋz]

4 guess the meaning
[gés]

5 convey the meaning
[kənvéi]

6 pronounce a word
[prənáuns]

7 imitate her pronunciation
[ímiteit] ◀ アク [prənʌnsiéiʃən]

8 read a book aloud
[əláud] ◀ 発音

9 Practice makes perfect.
[prǽktis] [pə́ːrfikt]

10 speak fluent English
[flúːənt]

2 Going for the Bronze

最初は気長にのんびりと

11	心に残る スピーチ an im.....ive speech
12	速読 ra..d reading
13	文 の 構造 se.....e st.....re
14	文法的な 分析 gr.......al an.....s
15	英 作文 English com.....ion
16	わかりやすい 言葉 pl..n la....ge
17	ていねいな 言い方 a po...e ph...e
18	慣用 表現 id.....ic ex.....ions
19	紛(まぎ)らわしい 表現 con...ing ex.....ions
20	あいまいな 用語 a va..e t..m

analysis
composition
confusing
expression
grammatical
idiomatic
impressive
language
phrase
plain
polite
rapid
sentence
structure
term
vague

11

Going for the Bronze

CD 3

11 an impressive speech
[imprésiv] [spíːtʃ]

12 rapid reading
[rǽpid]

13 sentence structure
[strʌ́ktʃər]

14 grammatical analysis
[grəmǽtikl] [ənǽlisis]

15 English composition
[kɑmpəzíʃən]

16 plain language
[pléin] [lǽŋgwidʒ]

17 a polite phrase
[pəláit] [fréiz]

18 idiomatic expressions
[idiəmǽtik] [ikspréʃənz]

19 confusing expressions
[kənfjúːziŋ]

20 a vague term
[véig] ◀発音[tə́ːrm]

 Going for the Bronze

パラパラめくって気分を出す

amount
barrier
confident
dictionary
enormous
information
interpreter
invention
language
native
origin
printing
provide
publish
refer
translate

21	母国 語 your na...e la....ge
22	言語 の 起源 the or...n of la....ge
23	言葉 の 壁 la....ge ba....r
24	自信のある 通訳者 a con.....t in......ter
25	辞書 を 参照する re..r to a di.......y
26	英語を日本語に 訳す tra....te English into Japanese
27	新しい辞書を 出版する pu....h a new dictionary
28	印刷術 の 発明 the in....ion of pr...ing
29	大変な 情報量 an en.....s am...t of inf.....ion
30	情報 を 与える pro...e inf.....ion

Going for the Bronze

CD 4

21 your native language
[néitiv]

22 the origin of language
[ɔ́:ridʒin] ◀ アク

23 language barrier
[bǽriər] ◀ アク

24 a confident interpreter
[kánfidənt] [intə́:rpritər]

25 refer to a dictionary
[rifə́:r] ◀ アク   [díkʃəneri]

26 translate English into Japanese
[trænsléit]

27 publish a new dictionary
[pʌ́bliʃ]

28 the invention of printing
[invénʃən]

29 an enormous amount of information
[inɔ́:rməs] [əmáunt] [infərméiʃən]

30 provide information
[prəváid]

4 Going for the Bronze

そう、そんな顔つきです

31	情報を 手に入れる ob...n information
32	情報を 吸収する ab...b information
33	単なる 噂 a m..e ru..r
34	秘密 を もらす re...l the se...t
35	簡潔 な 説明 a con...e ex......ion
36	効果的な 意思伝達　意思伝達 eff....ve com......ion
37	顔色 を 読む int.....t her l..k
38	インタビューを 申し込む re....t an interview
39	マスコミ を 避ける av..d the pr..s
40	知的な 会話 an int......nt con......ion

absorb
avoid
communication
concise
conversation
effective
explanation
intelligent
interpret
look
mere
obtain
press
request
reveal
rumor
secret

4 Going for the Bronze

🎧 CD 5

31 **obtain information**
[əbtéin]

32 **absorb information**
[əbzɔ́:rb]

33 **a mere rumor**
[míər]   [rú:mər]

34 **reveal the secret**
[riví:l]   [sí:krit]

35 **a concise explanation**
[kənsáis] ◀アク [eksplənéiʃən]

36 **effective communication**
[iféktiv]   [kəmju:nikéiʃən]

37 **interpret her look**
[intə́:rprit]   [lúk]

38 **request an interview**
[rikwést]   [íntərvju:]

39 **avoid the press**
[əvɔ́id]

40 **an intelligent conversation**
[intélidʒənt]   [kɑnvərséiʃən]

5 Going for the Bronze

できそうなところに目をむけて

advertisement
attention
attract
audience
conversation
convince
distribute
frank
influence
interrupt
leaflet
lively
mention
reply
respond

41 活発な 会話
a li..ly con......ion

42 質問に 応じる
re....d to a question

43 率直な 返事
a fr..k re..y

44 話し手を さえぎる
int....pt the speaker

45 前に 述べた ように
as I men....ed earlier

46 新聞 広告
a newspaper ad.......ment

47 チラシ を 配る
dis.....te lea...ts

48 テレビの 影響
television's inf....ce

49 注目 を 集める
at....t much at....ion

50 聴衆 を 納得させる
con...ce the au....ce

5 Going for the Bronze

CD 6

41	**a lively conversation** [láivli] [kɑnvərséiʃən]
42	**respond to a question** [rispánd]
43	**a frank reply** [frǽŋk] [riplái]
44	**interrupt the speaker** [intərʌ́pt] ◀アク
45	**as I mentioned earlier** [ménʃənd]
46	**a newspaper advertisement** [njúːzpeipər] [ædvərtáizmənt] ◀発音
47	**distribute leaflets** [distríbjuːt] ◀アク [líːflits]
48	**television's influence** [téləviʒənz] [ínfluəns] ◀アク
49	**attract much attention** [ətrǽkt] [əténʃən]
50	**convince the audience** [kənvíns] [ɔ́ːdiəns]

Going for the Bronze

一個でいいから食べてみる

character
educate
education
elementary
emphasize
examination
formation
graduate
hell
individuality
infant
nursery
secondary
youngster

51	大衆を 教化する edu...e the public	教育
52	人格 形成 cha....er for...ion	
53	個性 を 強調する em.....ze ind........ty	
54	幼児 教育 in...t ed......n	
55	保育 園 a nur..ry school	
56	小 学校 ele.....ry school	
57	中等 教育 sec....ry ed......n	
58	高校生の 若者 high school yo.....ers	
59	高校を 卒業する gra...te from high school	
60	試験 地獄 ex......ion h..l	

Going for the Bronze

CD 7

51	**educate the public**
	[édʒukeit] [pʌ́blik]

52	**character formation**
	[kǽrəktər] [fɔːrméiʃən]

53	**emphasize individuality**
	[émfəsaiz] [individʒuǽləti]

54	**infant education**
	[ínfənt] ◀アク [edʒukéiʃən]

55	**a nursery school**
	[nə́ːrsəri]

56	**elementary school**
	[eleméntəri]

57	**secondary education**
	[sékənderi]

58	**high school youngsters**
	[jʌ́ŋstərz]

59	**graduate from high school**
	[grǽdʒueit]

60	**examination hell**
	[igzæminéiʃən] [hél]

7 Going for the Bronze

ねっ、おいしいでしょ

| 61 | 厳しい 競争 |
| | t...h com.......n |

| 62 | 物理学 を 専攻する |
| | ma..r in ph....s |

| 63 | 大学の 費用 |
| | college ex....es |

| 64 | 熱心な 生徒 |
| | an ea..r student |

学校

| 65 | コツコツ勉強する 生徒 |
| | a dil....t student |

| 66 | 理想的な 方法 |
| | the id..l me....d |

| 67 | しっかり 基礎 を 据える |
| | l.y a s...d fo.....ion |

| 68 | 授業の 復習をする |
| | re...w the day's lessons |

| 69 | 簡単な 問題を 解く |
| | so..e a si...e problem |

| 70 | 難問に 取り組む |
| | ta...e a difficult problem |

competition
diligent
eager
expense
foundation
ideal
lay
major
method
physics
review
simple
solid
solve
tackle
tough

7 Going for the Bronze

CD 8

61	**tough competition**
	[tʌ́f] ◀発音 [kɑmpətíʃən]
62	**major in physics**
	[méidʒər] [fíziks]
63	**college expenses**
	[kɑ́lidʒ] [ikspénsiz]
64	**an eager student**
	[íːgər]
65	**a diligent student**
	[dílidʒənt]
66	**the ideal method**
	[aidíːəl] ◀アク [méθəd]
67	**lay a solid foundation**
	[léi] [sɑ́lid] [faundéiʃən]
68	**review the day's lessons**
	[rivjúː]
69	**solve a simple problem**
	[sɑ́lv] [símpl] [prɑ́bləm]
70	**tackle a difficult problem**
	[tǽkl]

Going for the Bronze

ピーナツ君は あとをひく

One more!

71	ためになる 例題 an ins......ve ex...le
72	私の 好きな 科目 my fa....te su....ts
73	退屈な 講義 a d..l le...re
74	勉強を 怠ける ne....t your studies
75	近づいている 試験 the app.....ing ex......ion
76	勉強に 集中する con......te on your work
77	記憶 を 新たにする re....h your me...y
78	機械的に 暗記する me....ze mec.......ly
79	典型的な 間違い a ty....l mi....e
80	明らかな 間違い an ob....s mi....e

approaching
concentrate
dull
examination
example
favorite
instructive
lecture
mechanically
memorize
memory
mistake
neglect
obvious
refresh
subject
typical

8 Going for the Bronze

CD 9

71. **an instructive example**
[instrʌ́ktiv] [igzǽmpl]

72. **my favorite subjects**
[féivərit] [sʌ́bdʒikts]

73. **a dull lecture**
[dʌ́l] [léktʃər]

74. **neglect your studies**
[niglékt]

75. **the approaching examination**
[əpróutʃiŋ] [igzæminéiʃən]

76. **concentrate on your work**
[kánsəntreit] ◀ アク

77. **refresh your memory**
[rifréʃ] [méməri]

78. **memorize mechanically**
[méməraiz] [məkǽnikli]

79. **a typical mistake**
[típikl] ◀発音 [mistéik]

80. **an obvious mistake**
[ábviəs] ◀ アク

Going for the Bronze

もう少しやれますね。

81	不注意 を 悔やむ	re...t your ca......ness
82	試験で カンニングする	ch..t on a test
83	学業 成績	ac.....c ach......t
84	十分な 能力	suf......t ab....y
85	奨学金 を 得る	win a sc.......ip
86	校則を 破る	vi....e the school rules
87	安定した 家庭生活 家族	st..le family life
88	快適な 環境	ple....t su......ings
89	家族を 養う	su....t your family
90	家族を 守る	pr....t your family

ability
academic
achievement
carelessness
cheat
pleasant
protect
regret
scholarship
stable
sufficient
support
surrounding
violate

9 Going for the Bronze

CD 10

81	**regret your carelessness**
	[rigrét]　　　　　　　[kéərlisnis]

82	**cheat on a test**
	[tʃíːt]

83	**academic achievement**
	[ækədémik]　　　[ətʃíːvmənt]

84	**sufficient ability**
	[səfíʃənt] ◀アク　[əbíləti]

85	**win a scholarship**
	[skálərʃip]

86	**violate the school rules**
	[váiəleit]

87	**stable family life**
	[stéibl]　　[fǽməli]

88	**pleasant surroundings**
	[pléznt]　　　　　[səráundiŋz]

89	**support your family**
	[səpɔ́ːrt]

90	**protect your family**
	[prətékt]

10 Going for the Bronze

そう、そう、その調子

annoy
depend
desert
household
housewife
housework
manage
permission
persuade
role
sacrifice
scold
share

91	家族を 犠牲(ぎせい)にする sa.....ce your family
92	子供を 見捨てる de...t your children
93	主婦の 役割 the ho.....fe's r..e
94	家庭を 管理する ma...e the ho.....ld
95	家事を 分担する sh..e the ho.....rk
96	親に 依存(いぞん)する de...d on your parents
97	親を 説得する per...de your parents
98	親の 許可を 得る get your parents' per......n
99	親を 悩ます an..y your parents
100	子供を 叱(しか)る sc..d a child

10 Going for the Bronze

CD 11

91 **sacrifice your family**
[sǽkrifais] ◀ アク

92 **desert your children**
[dizə́ːrt] ◀ アク

93 **the housewife's role**
[háuswaifs]   [róul]

94 **manage the household**
[mǽnidʒ]   [háushould]

95 **share the housework**
[ʃéər]   [háuswəːrk]

96 **depend on your parents**
[dipénd]   [péərənts]

97 **persuade your parents**
[pərswéid]

98 **get your parents' permission**
[pərmíʃən]

99 **annoy your parents**
[ənɔ́i]

100 **scold a child**
[skóuld]

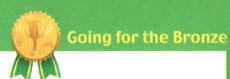

Going for the Bronze

100個 一気食いへの挑戦！

挑戦日	所要時間	正答数
1 年 月 日	分 秒	/100
2 年 月 日	分 秒	/100
3 年 月 日	分 秒	/100
4 年 月 日	分 秒	/100
5 年 月 日	分 秒	/100
6 年 月 日	分 秒	/100
7 年 月 日	分 秒	/100
8 年 月 日	分 秒	/100
9 年 月 日	分 秒	/100
10 年 月 日	分 秒	/100

繰り返しは無限の喜びである

英単語つれづれ草

1.「心はスペルを追いかける」の巻

　みなさん、英単語を覚えるとはどういうことだと思いますか？
　「そんなむずかしいことを考えたことないわ」という人は慎重な人ですね。困るのは「先生、何でそんなことを聞くんだよ、決まってるじゃん。日本語の訳語を覚えることだろ」とあっけらかんと答える子なんです。私はそういう単純な頭の持ち主には次のように質問します。「じゃ、アメリカ人やイギリス人も英語の単語を覚えるときは、日本語の訳語を覚えているのかな？」すると、みなさんアレッというような顔をしてくれます。そこで、こちらもすこし安心するわけ。

　無理もないね。中学校のころから単語を覚えるときから、ともかく（英語⇨日本語）の一本槍でやってきたんですから。ところでこの『英単語ピーナツ』はどうなっていますか、すべて（日本語⇨英語）の流れになっています。これからこの本でドリルをするみなさんの頭の中で起ることを、ていねいに説明するなら（日本語⇨イメージ⇨英語）となるんです。「イメージ」という言葉がでてきましたが、「頭の中の絵」くらいに考えてください。単語を覚えるというのは、人の名前を覚えるのとよく似ています。名前を覚えるとはその人の顔と名前を頭のなかで結びつけることですね。みなさんが、春子、一郎，Jack，Bettyなどといった名前を耳にしたとき、頭の中に思い浮かべるそのひとの顔が「イメージ」です。

　この「イメージ」という考えを取り入れるといろいろなことが、いっきに解決します。やってみましょうか。質問形式でいきます。

1）日本語しか知らない人が日本語を使っているときどうなりますか？
2）英語しか知らない人が英語を使っているときどうなりますか？
3）翻訳家や同時通訳者が英語を日本語に訳しているときはどう

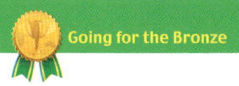

なりますか？
4）みなさんが明日の予習のためにわからない単語を英和辞典で調べているときはどうなりますか？
5）英々辞典を使って新しい単語の意味を覚えていく場合はどうなりますか？

全部できましたか？　そうです。　英単語を覚えるとは頭のなかで（英語⇔イメージ）の結びつきを作りあげるということです。すると、次の問題は、私たちが日本語を手段として使って、この結びつきを頭のなかに作っていくとき、（英語⇨日本語⇨イメージ）の流れでやるか、それとも（日本語⇨イメージ⇨英語）の流れで攻めていくかです。大部分の単語集は（英語⇨日本語）ですが、この『英単語ピーナツ』では（日本語⇨英語）のアプローチを採用しました。さっきの例でいうと、名前に顔を結びつけるのではなくて、顔に名前をくっつけていくほうが頭が生き生きと働くと信じるからです。
　それではまとめの言葉で終わりましょう。
『日本語の訳語は最初から教えてあげる。そうすればみなさんは日本語ができるんだから、イメージは瞬間的に頭に浮かぶでしょ。そのイメージに英語のスペルをくっつける努力をしてごらん。心が追い求めるのはスペルになりますから、頭のなかに残るのもスペルです。単語を覚えるとは単語の形になじみになることなのよ。たとえ一時的にイメージを忘れても、形になじみがあればすぐ思い出すものなのだ』
《解答》1）理解だったら（日本語⇨イメージ）、表現だったら（イメージ⇨日本語）、まとめて表すと（日本語⇔イメージ）
　　　　2）（英語⇔イメージ）　3）（英語⇨イメージ⇨日本語）
　　　　4）（英語⇨日本語⇨イメージ）　5）（英語⇨知ってる英語⇨イメージ）

Going for the Bronze

わたしもできた
あなたにもできる！

上野博美さん

　私が英単語を習得するきっかけになったのは、友人の一言でした。かつぞー先生から最初にもらったのは「名詞」のプリントでした。なかなか覚えられず、投げだそうかと思ったこともありました。ところが、ある日、友人から「1週間で形容詞1冊覚えたよ」と言われたため、驚き半分と悔しさ半分で、「彼女にできるなら私にもできる」と、その日のうちに半分、次の日に半分と2日間で300以上の形容詞をすべてマスター。

　マスターするといっても、日本語を見て、アルファベット順に並んでいる単語群から適切なものを選べるようになったというだけのことです。

　あとはドリルするだけ。ライバルを友人ただ一人として、今度はスピードを競います。最初は30分50秒もかかりましたが、後には11分37秒という記録を出して、先生から『形容詞免許皆伝』をいただきました。そのときにはヒントは全然見ずに、日本語を見た瞬間に綴りが書けるようになっていました。なぜか？　それはヒントなどを見ていたのでは友人に遅れをとってしまうからです。そのあとは動詞、次に一度投げ出しかけた名詞と、トントン拍子に覚え、すっかりマスターしてしまいました。（プリントでは品詞別だったのです）

　ドリルって大切ですよね。ふつう単語を覚えるときは、ひとつひとつ丁寧に覚えても、5ページも進むと最初に覚えたページはすっかりすっかり忘れています。けれど、『英単語ピーナツ』のやり方だとひととおり覚えるのに時間がかからず、あとは繰り返すだけで身につくからすごい。またゴロ合わせなんかで覚えていても、思い出すまでに時間がかかり、実戦には役立ちません。

　さあ、あなたもチャレンジしてみましょう。必要なものは『英単語ピーナツ』と束になった計算用紙にボールペン。あればストップウォッチも。そして大切なのはライバル。準備が整ったら「用意、スタート！」

11 Going for the Bronze

101	遠い 親戚 a dis...t re....ve	親戚
102	姪 や 甥 ni...s and ne...ws	
103	人生 哲学 a plı......hy of life	
104	不幸 を 経験する su...r a mis.....ne	
105	残酷な 運命 cr..l f..e	
106	似たような 境遇 si....r cir........es	
107	挨拶 を 交わす ex....ge gr.....gs	交際
108	外国人 と 交際する as.....te with fo.....ers	
109	招待 を 受ける ac...t the in.....ion	
110	招待 を 断る de....e the in.....ion	

accept
associate
circumstance
cruel
decline
distant
exchange
fate
foreigner
greeting
invitation
misfortune
nephew
niece
philosophy
relative
similar
suffer

11 Going for the Bronze

CD 12

101 a distant relative
[dístənt] [rélətiv]

102 nieces and nephews
[ní:siz] [néfju:z]

103 a philosophy of life
[filásəfi]

104 suffer a misfortune
[sʌ́fər] [misfɔ́:rtʃən]

105 cruel fate
[krú:əl] [féit]

106 similar circumstances
[símilər] [sə́:rkəmstænsiz] ◀ アク

107 exchange greetings
[ikstʃéindʒ] [grí:tiŋz]

108 associate with foreigners
[əsóuʃieit] [fɔ́:rinərz]

109 accept the invitation
[əksépt] [invitéiʃən]

110 decline the invitation
[dikláin]

12 Going for the Bronze

いけそうですね
いけますね

affair
assist
combine
cooperate
cultivate
entertain
familiar
frequent
friendly
friendship
personal
privacy
relation
respect

111 お客を もてなす
en......n guests

112 馴染みの 顔
fam...ar faces

113 よく やって来る人
a fre....t visitor

114 親しい 関係
fr....ly re.....ns

115 友情 を 育てる
cul....te fr......ips

116 友達を 助ける
as...t a friend

117 個人的な 事柄
per...al af...rs

118 プライバシー を 尊重する
res...t her pri...y

119 他人と 協力する
coo....te with others

対人関係

120 力を 合わせる
com...e forces

12 Going for the Bronze

CD 13

111 **entertain guests**
[entərtéin] ◀ アク [gésts]

112 **familiar faces**
[fəmíljər]

113 **a frequent visitor**
[frí:kwənt] [vízitər]

114 **friendly relations**
[fréndli] [riléiʃənz]

115 **cultivate friendships**
[kʌ́ltiveit] [fréndʃips]

116 **assist a friend**
[əsíst]

117 **personal affairs**
[pə́:rsənl] [əféərz]

118 **respect her privacy**
[rispékt] [práivəsi]

119 **cooperate with others**
[kouápəreit] ◀ 発音

120 **combine forces**
[kəmbáin]

13 Going for the Bronze

どんどん増えます 英単語

121	意図 を 誤解する mis........nd his int.....ns
122	近所 に 迷惑をかける bo...r the nei....rs
123	近所 の 苦情 nei....rs' com.....ts
124	他人を 巻き込む in...ve other people
125	悪い 仲間 と 付き合う keep bad com...y
126	二度と彼に会っては いかん I for..d you to see him again.
127	結婚 と 離婚　結婚 ma....ge and di....e
128	花嫁 花婿 br..e and gr..m
129	結婚式 に 出席する at...d the we....g
130	おめでとう！ Con.........ons!

attend
bother
bride
company
complaint
congratulation
divorce
forbid
groom
intention
involve
marriage
misunderstand
neighbor
wedding

13 Going for the Bronze

CD 14

121 **misunderstand his intentions**
[misʌndərstǽnd]　　　　　[inténʃənz]

122 **bother the neighbors**
[báðər]　　　　[néibərz]

123 **neighbors' complaints**
　　　　　　　　[kəmpléints]

124 **involve other people**
[inválv]

125 **keep bad company**
　　　　[bǽd]　[kʌ́mpəni]

126 **I forbid you to see him again.**
　　[fərbíd]

127 **marriage and divorce**
[mǽridʒ]　　　　　[divɔ́:rs]

128 **bride and groom**
[bráid]　　　　[grú:m]

129 **attend the wedding**
[əténd]　　　　[wédiŋ]

130 **Congratulations!**
[kəngrætʃuléiʃənz]

14 Going for the Bronze

紙はいろいろ集めておくんだよ

capable
choice
choose
company
determine
earn
employee
fortunate
future
jealous
living
occupation
range
suitable
willing

131 ピッタリの 旦那(だんな)さん
a sui...le husband

132 嫉妬(しっと)深い 妻
a je....s wife

133 職業 を 選ぶ　　仕事
ch...e an oc.......n

134 選択 の 幅
the ra..e of ch...es

135 幸運な 選択
a for....te ch...e

136 将来 を 決める
det.....e the fu...e

137 生活費 を 稼(かせ)ぐ
e..n a li...g

138 会社 に 勤める
work for a com...y

139 やる気のある 従業員
a wil...g worker

140 仕事の出来る 社員
a ca....e em....ee

39

14 Going for the Bronze

CD 15

131 a suitable husband
[sjúːtəbl] [hʌ́zbənd]

132 a jealous wife
[dʒéləs] [wáif]

133 choose an occupation
[tʃúːz] [ɑkjupéiʃən]

134 the range of choices
[réindʒ] [tʃɔ́isiz]

135 a fortunate choice
[fɔ́ːrtʃənit]

136 determine the future
[ditə́ːrmin] [fjúːtʃər]

137 earn a living
[ə́ːrn]

138 work for a company
[kʌ́mpəni]

139 a willing worker
[wíliŋ]

140 a capable employee
[kéipəbl] [implɔiíː] ◀ アク

15 Going for the Bronze

裏が白紙のチラシはもらっとこう

adopt
boast
compromise
demand
expert
increase
instruct
labor
leisure
promotion
propose
prospect
reject
secretary
seek
shortage
wage

141 昇進 の 見込み
pro....ts for pro.....n

142 昇進 を 鼻にかける
bo..t about a pro.....n

143 秘書 に 指示する
ins....t the scc....ry

144 賃上げ 要求
w..e de...ds

145 要求 を 拒否する
re...t the de...d

146 専門家 の意見を 求める
s..k ex...t advice

147 妥協 を 申し出る
pro...e a com.....se

148 週4日(週休3日)制を 採用する
ad..t a 4-day workweek

149 余暇 時間を 増やす
inc...se lei...e time

150 労働力 の 不足
a la..r sh....ge

15 Going for the Bronze

CD 16

141 prospects for promotion
[práspekts] [prəmóuʃən]

142 boast about a promotion
[bóust]

143 instruct the secretary
[instrʌ́kt] [sékrəteri]

144 wage demands
[wéidʒ] [dimǽndz]

145 reject the demand
[ridʒékt]

146 seek expert advice
[síːk] [ékspəːrt] [ədváis]

147 propose a compromise
[prəpóuz] [kámprəmaiz]

148 adopt a 4-day workweek
[ədápt] [wə́ːrkwiːk]

149 increase leisure time
[inkríːs] ◀ アク [líːʒər] ◀ 発音

150 a labor shortage
[léibər] [ʃɔ́ːrtidʒ]

16 Going for the Bronze

筆記用具も
いろいろ変えよう

151	退屈な 仕事
	a bo...g job

152	責任のある 地位
	a res......le position

153	出世する
	adv...e her ca..r

154	魅力的な 申し出
	a tem....g of..r

155	仕事を 辞める
	q..t the job

156	以前の 雇い主
	a fo...r em....er

157	終身 雇用
	li.....e em.....ent

158	交通 手段
	a m...s of tra........ion

交通

159	乗客 を 運ぶ
	tra.....t pas.....rs

160	厳しい 安全 対策
	st...t sa..ty mea....s

advance
boring
career
employer
employment
former
lifetime
means
measure
offer
passenger
quit
responsible
safety
strict
tempting
transport
transportation

16 Going for the Bronze

CD 17

151	**a boring job**
	[bɔ́ːriŋ] [dʒáb]

152	**a responsible position**
	[rispánsəbl] [pəzíʃən]

153	**advance her career**
	[ədvǽns] [kəríər] ◀ アク

154	**a tempting offer**
	[témptiŋ] [ɔ́ːfər]

155	**quit the job**
	[kwít]

156	**a former employer**
	[fɔ́ːrmər] [implɔ́iər]

157	**lifetime employment**
	[láiftaim] [implɔ́imənt]

158	**a means of transportation**
	[míːnz] [trænspərtéiʃən]

159	**transport passengers**
	[trænspɔ́ːrt] ◀ アク [pǽsəndʒərz]

160	**strict safety measures**
	[stríkt] [séifti] [méʒərz] ◀ 発音

17 Going for the Bronze

左利きの人、ちょっとやりにくいかな

connect
delay
direction
extend
fare
flat
license
obliged
motorcycle
opposite
repair
reserve

161 座席を 予約する
res...e a seat

162 鉄道を 延長する
ex...d the railway

163 東京と大阪を 結ぶ
con...t Tokyo and Osaka

164 電車が 遅れた
The train was de...ed.

165 待つ しかなかった
I was obl...d to wait.

166 運転 免許 をとる
get a driver's lic...e

167 オートバイ に乗る
ride a mot.....le

168 パンク を 修理する
re...r a f..t tire

169 タクシー 料金
taxi f..es

170 反対 方向
the op....te dir.....n

17 Going for the Bronze

CD 18

161 reserve a seat
[rizə́ːrv]

162 extend the railway
[iksténd]　　　[réilwei]

163 connect Tokyo and Osaka
[kənékt]

164 The train was delayed.
[diléid]

165 I was obliged to wait.
[əbláidʒd]

166 get a driver's license
[láisəns]

167 ride a motorcycle
[ráid]　　[móutərsaikl]

168 repair a flat tire
[ripéər]　　[flǽt]　[táiər]

169 taxi fares
[féərz]

170 the opposite direction
[ápəzit] ◀ アク　[dirékʃən]

18 Going for the Bronze

覚えようと しなくていいの

attach
attractive
baggage
cheap
course
expense
foreign
include
inn
inspect
package
region
remote
scenery
shift
staff
tour
tourist
various

171	進路 を 変える sh..t co..e
172	遠くの 国々　　旅行 re..te lands
173	世界の 各地 va....s re...ns of the world
174	美しい 景色 at.....ive sc....y
175	安い パック 旅行 a ch..p pa....e t..r
176	あらゆる 費用 を 含む in...de all ex....es
177	荷物 を 調べる ins...t her ba....e
178	ラベルを はる at..ch a label
179	外国人 旅行者 a fo....n tou...t
180	旅館 の 従業員 the st..f at the i.n

18 Going for the Bronze

CD 19

171 **shift course**
[ʃíft]　[kɔ́ːrs]

172 **remote lands**
[rimóut]　[lǽndz]

173 **various regions of the world**
[véəriəs]　[ríːdʒənz]

174 **attractive scenery**
[ətrǽktiv]

175 **a cheap package tour**
[tʃíːp]　[pǽkidʒ]　[túər]

176 **include all expenses**
[inklúːd]　[ikspénsiz]

177 **inspect her baggage**
[inspékt]　[bǽgidʒ]

178 **attach a label**
[ətǽtʃ]　[léibl] ◀発音

179 **a foreign tourist**
[fɔ́ːrin] ◀発音 [túərist]

180 **the staff at the inn**
[stǽf]　[ín]

19 Going for the Bronze

やれば当然覚えます

181	世界一周 旅行	a round-the-world jo....y
182	成田から 出発する	dep..t from Narita
183	出発 を 延ばす	pos....e the dep....rc
184	受け身的な 娯楽	pas...e am......ts
185	チャンネル を 選ぶ	se...t a ch....l
186	落ち目の 人気	dec...ing pop.....ty
187	適度の 運動	mod...te ex....se (スポーツ)
188	運動 能力	ath....c ab...ty
189	世界に通用する スポーツ選手	a world-cl..s ath...e
190	筋肉 を 鍛える	dev...p your mus...s

ability
amusement
athlete
athletic
channel
decline
depart
departure
develop
exercise
journey
moderate
muscle
passive
popularity
postpone
select
world-class

19 Going for the Bronze

CD 20

181 a round-the-world journey
[ráund] [dʒə́ːrni]

182 depart from Narita
[dipáːrt]

183 postpone the departure
[poustpóun] [dipáːrtʃər]

184 passive amusements
[pǽsiv] [əmjúːzmənts]

185 select a channel
[səlékt] [tʃǽnl]

186 declining popularity
[dikláiniŋ] [pɑpjulǽrəti]

187 moderate exercise
[mɑ́dərit] [éksərsaiz]

188 athletic ability
[æθlétik] [əbíləti]

189 a world-class athlete
[ǽθliːt] ◀アク

190 develop your muscles
[divéləp] [mʌ́slz] ◀発音

20 Going for the Bronze

行動力が決め手だね

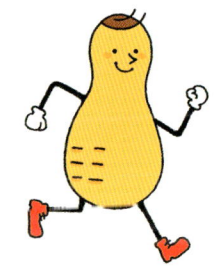

attentive
audience
award
carve
compose
congratulate
cultural
exchange
instrument
landscape
musical
promote
sculpture
stare
statue

191 勝者を 讃(たた)える
con……te the winner

192 賞を 与える
aw..d a prize

193 絵画と 彫刻　　芸術
paintings and scu…..es

194 風景画 を描く
paint a lan….pe

195 絵を 見つめる
st..e at a picture

196 像 を 刻む
ca..e a st…e

197 文化 交流 を 促進(そくしん)する
pro..te cul…al ex…..es

198 楽器　　音楽
mu….l ins…..nts

199 歌を 作る
com…e a song

200 熱心な 聴衆(ちょうしゅう)
an at…..ve au….ce

20 Going for the Bronze

CD 21

191 **congratulate the winner**
[kəngrǽtʃuleit] [wínər]

192 **award a prize**
[əwɔ́:rd] [práiz]

193 **paintings and sculptures**
[péintiŋz] [skʌ́lptʃərz]

194 **paint a landscape**
[lǽndskeip]

195 **stare at a picture**
[stéər]

196 **carve a statue**
[ká:rv] [stǽtʃu:]

197 **promote cultural exchanges**
[prəmóut] [kʌ́ltʃərl]

198 **musical instruments**
[mjú:zikl] [ínstrumənts]

199 **compose a song**
[kəmpóuz]

200 **an attentive audience**
[əténtiv] [ɔ́:diəns]

Going for the Bronze

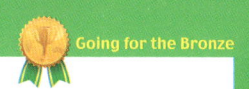

100個 一気食いへの挑戦！

挑戦日	所要時間	正答数
1 年 月 日	分 秒	/100
2 年 月 日	分 秒	/100
3 年 月 日	分 秒	/100
4 年 月 日	分 秒	/100
5 年 月 日	分 秒	/100
6 年 月 日	分 秒	/100
7 年 月 日	分 秒	/100
8 年 月 日	分 秒	/100
9 年 月 日	分 秒	/100
10 年 月 日	分 秒	/100

繰り返しは無限の喜びである

英単語つれづれ草

2.「2粒がちょうどよい」の巻

　この本を書きながらピーナツをあれこれ食べた。日本一の産地は千葉県ですから、わざわざでかけていきます。ＪＲ下総中山駅北口徒歩30秒の「千葉ピーナツ㈱中山店」が私が最近よく行くお店。

　ところで殻つきのピーナツを食べているといろんなことに気がつきますな。まず第一に、自分で殻をむいて食べるのがいい。うまく心の間がとれるんです。指先の力も適当に使うので、脳の刺激にもなる。（囲碁の趙治勲さんは大事な局面になるとマッチ棒を折りながら考えるそうですが、指と脳とは関係があるんです）

　次に、殻の中に入っている豆の数が2つだというのは実にすばらしい。変なところに感心すると思う人は自分で試してみたらいい。1粒しか入っていそうにないもの、3粒入っていそうなものだけ20個くらい集めて食べてごらん。1粒ではものたりなくて、3粒では食べにくい。うん。

　英単語も同じ。本屋さんにズラーと並んだ単語集をかたっぱしからのぞいてごらん。一つの英単語に日本語訳をくっつけた「1粒単語集」が圧倒的に多い。実際の入試の出題が、100個くらいの単語をズラリと並べ、「次の英単語の日本語訳を書け」なんてものなら、役にたつかもしれないが、長文の中で単語を認識するには能率が悪い。まして英作文ときたら、1粒ではもう絶望的、絶望的。

　すべての単語に短い例文をのせている本もあります。例文といっしょに単語を覚えるのは、結構なのですが、その例文をいくつか続けて読んでみると話題の点で、なんの関連性もない文が次か

Going for the Bronze

ら次へと続くというのでは困ります。また文になると、文法がからんできますから、その点でつまずく人も出てきます。

　それではどうするか？　私は２語か、３語の連語で覚えていくのがいちばん合理的で発展性があると信じています。日本語を例にとれば「将棋」「碁」「社会」「理想的」「作る」と一語だけで覚えるのではなく、「将棋を指す」「碁を打つ」「理想的な社会を作る」と連語で頭に入れていくわけ。なんだそんなことかと思うかもしれないが、外国語の勉強ではこれがいちばん厄介なんですぞ。でもいいですよ、みなさん英文法にヒイヒイの段階だから、連語の重要性にまでまだ頭が回らないはず。そのうちに必ずわかるときがくる。それまでは、そんなものかと、素直に私の言葉を信じておきなさい。

　「英単語ピーナツ」にもいろいろ種類がありますが、本書では、(形容詞＋名詞)、(他動詞＋名詞) を中心として、(名詞＋名詞)、(名詞＋前置詞＋名詞) などもいくつか入っています。こうしたものは、いわば「表現の最小単位」です。

　こうした「ピーナツ」を仕入れるために、直接畑に出かけて行き、良さそうなものをまず20000ペアーほどカードに採った。私が目を通した畑は、過去の入試問題６年分、約3600ページ。高校のリーダー30冊。ある大手予備校の解釈系の教科書２年分、約60冊と模擬試験、校内テストを３年分。英字新聞（Asahi Evening News）３年分。原書約5000ページである。その中から3000ペアーほど選んで一次原稿を作り、ウレマンさんに目を通していただき、かなりの訂正を受けた。新しく作ってもらったピーナツも大分ある。そうしたやりとりを何回か重ね、最終的に残ったのがこのシリーズで紹介する777×３＝2331個である。

Going for the Bronze

> ぼくもできた
> きみにもできる！

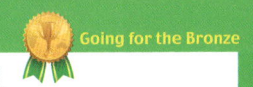

結城和弘君

　はっきり言って、僕は英語は得意ではなかった。国、英、社の中でいちばん点のとれない科目だった。原因は単語だった。でもいざ覚えようとすると、どこから手をつけていいかわからないというのが正直なところでしょう。そんな状況に置かれた受験生は、これは頻度の高い単語だぞと言われれば当然その単語から覚えようとします。でもそれじゃ実戦では使えない。長文解読というのはひとつのテーマにしたがって話が展開しますね。話題に関係ある言葉はまとめて覚えておいたほうがイメージになりやすいんです。

　僕の経験から、これからこの本を使う人に何かアドバイスとなると、やはり億劫がらずに何度も書いてみることだと思う。手を使わずに目だけで覚えようとする人もいたけど、書いたほうが着実に覚えられます。この本を左右の見開きにするか、裏表にするかで意見が割れたとき、僕の前に登場した上野博美さんが断固裏表を主張し、いくつも図を書いて大変な説得力を発揮した。その彼女の判断の基準は、やはり書くドリルのやりやすさだった。トレーニングを積めば、口だけで一気にやれるようになります。時間は777個で40分くらいです。日本語を見て、テープに解答を吹き込んでいくと、あとで正確に答合わせができます。でも最初からこれをやるのはすすめられません。

　それから、平凡だけど、少しでもいいから毎日続けたほうが覚えやすい。ノルマを決めてやるのもいいでしょう。最後に、あまり単語力がない人は、最初から大きな欲を持たないこと。実力というものはすぐにはつきません。地道にコツコツやってください。そうするとある時期から加速力がぐんぐんついてきます。歌にあるとおりです。本当です。その他は自分であれこれ工夫していく楽しみを味わってください。僕が希望の大学に入れたんです。みなさんもきっとうまくいきます。

21 Going for the Bronze

先のことは心配しない

| 201 | おとぎ話 | 文学 |
| --- | fa..y ta..s | |

| 202 | 民話 |
| --- | f..k ta..s |

| 203 | 古典文学 |
| --- | cla....al lit.....re |

| 204 | 時の試練に耐える |
| --- | st..d the test of time |

| 205 | ある小説を勧める |
| --- | rec.....d a no..l |

| 206 | 探偵小説 |
| --- | a det.....e story |

| 207 | 読者の心をとらえる |
| --- | cap...e the reader's im.....tion |

| 208 | 後半部分 |
| --- | the la...r half |

| 209 | 文学の本質 |
| --- | the es....e of lit.....re |

| 210 | 責任を果たす | 倫理道徳 |
| --- | ful...l a res.........ty | |

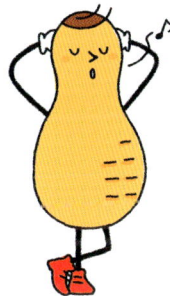

capture
classical
detective
essence
fairy
folk
fulfill
imagination
latter
literature
novel
recommend
responsibility
stand
tale

21 Going for the Bronze

CD 22

201 fairy tales
[féəri] [téilz]

202 folk tales
[fóuk]

203 classical literature
[klǽsikl] [lítərətʃuər]

204 stand the test of time
[stǽnd]

205 recommend a novel
[rekəménd] ◀アク [návl]

206 a detective story
[ditéktiv]

207 capture the reader's imagination
[kǽptʃər] [imædʒinéiʃən]

208 the latter half
[lǽtər] [hǽf]

209 the essence of literature
[ésns] [lítərətʃuər]

210 fulfill a responsibility
[fulfíl] [rispɑnsəbíləti]

22 Going for the Bronze

心配すると頭が動かなくなる

ashamed
behavior
burden
common
conduct
conscience
death
dishonor
evil
guilt
immoral
insult
justify
motive
necessary
obey
prefer
root
selfish

211 行為 を 正当化する
jus...y his con...t

212 利己的な 動機
sel...h mo...es

213 不道徳な 行い
im...l be...or

214 恥じ 入る
feel as....d

215 罪 の 重荷
the bur..n of gu..t

216 良心 に 従う
ob.y your con......e

217 不名誉 より 死 を 選ぶ
pre..r d..th to dis....r

218 良識 に対する 侮辱
an in..lt to co...n sense

219 必要 悪
a nec....ry e..l

善悪

220 諸 悪 の 根源
the r..t of all e..l

22 Going for the Bronze

CD 23

211 justify his conduct
[dʒʌ́stifai]　　　　[kándʌkt] ◀アク

212 selfish motives
[sélfiʃ]　　[móutivz] ◀発音

213 immoral behavior
[imɔ́:rl]　　　　[bihéivjər]

214 feel ashamed
　　　　[əʃéimd]

215 the burden of guilt
　　　　[bə́:rdn]　　　[gílt]

216 obey your conscience
[əbéi]　　　　[kánʃəns] ◀発音

217 prefer death to dishonor
[prifə́r] ◀アク [déθ]　　[disánər]

218 an insult to common sense
　　　　[ínsʌlt]　　[kámən]

219 a necessary evil
　　　　[nésəseri]　　　[íːvl] ◀発音

220 the root of all evil
　　　　[rúːt]

23 Going for the Bronze

ピーナツ君に手を合わせ

221	善悪を 区別する	dis......h between right and wrong
222	悪い のは自分でしょ	It's your own fa..t.
223	お寺 や 神社	tem...s and sh....s	宗教
224	（世界の）３ 大 宗教	three ma..r rel.....s
225	宗教 儀式	a rel.....s cer....y
226	宗教的 信念	rel.....s fa..h
227	宗教的 熱情	rel.....s z..l
228	感謝の 祈り	a pr...r of thanks
229	心 の平安を 得る	at...n peace of m..d
230	死者 の 霊魂（れい こん）	the s..ls of the dec....d

attain
ceremony
deceased
distinguish
faith
fault
major
mind
prayer
religion
religious
shrine
soul
temple
zeal

23 Going for the Bronze

221 distinguish between right and wrong
[distíŋgwiʃ]　　　　　　[ráit]　　　[rɔ́:ŋ]

222 It's your own fault.
　　　　　　[óun]　[fɔ́:lt]

223 temples and shrines
[témplz]　　　　　[ʃráinz]

224 three major religions
　　　　[méidʒər]　[rilídʒənz]

225 a religious ceremony
　　[rilídʒəs]　　　[sérəmouni]

226 religious faith
　　　　　　[féiθ]

227 religious zeal
　　　　　　[zí:l]

228 a prayer of thanks
　　[préər] ◀ 発音　　[θǽŋks]

229 attain peace of mind
[ətéin]　　　　　　　[máind]

230 the souls of the deceased
　　[sóulz] ◀ 発音　　　[disí:st] ◀ 発音

24 Going for the Bronze

ひとつ出来たら喜ぼう

absolute
ancestor
authority
Buddhist
disagree
exist
frightful
ghost
grave
haunted
nightmare
priest
saint
terrible
worship

231 先祖 礼拝
an.....r wor...p

232 墓 参りをする
visit her gr..e

233 仏教の 僧侶
a Bu.....t pri..t

234 キリスト教の 聖人
a Christian sa..t

235 宗教で 意見を異(こと)にする
dis....e about religion

236 絶対的 権威
ab....te aut.....y

237 神は 存在する か？
Does God ex..t?

238 呪(のろ)われた 屋敷
a hau...d house

239 恐ろしい 幽霊
a fri.....l gh..t

240 恐ろしい 悪夢
a te....le nig....re

24 Going for the Bronze

 CD 25

231 **ancestor worship**
[ǽnsestər] ◀発音 [wə́:rʃip] ◀発音

232 **visit her grave**
[vízit] [gréiv]

233 **a Buddhist priest**
[búdist] [prí:st]

234 **a Christian saint**
[krístʃən] [séint]

235 **disagree about religion**
[dìsəgrí:] [rilídʒən]

236 **absolute authority**
[ǽbsəlu:t] [əθɔ́:rəti]

237 **Does God exist?**
[gád] [igzíst]

238 **a haunted house**
[hɔ́:ntid] ◀発音

239 **a frightful ghost**
[fráitfl] [góust] ◀発音

240 **a terrible nightmare**
[térəbl] ◀発音 [náitmeər]

25 Going for the Bronze

よそ見はだめ、『ピー単』にかけるの

241	歴史家 の 使命	歴史

the hi....ian's mis...n

242	歴史的な 背景

hi......al bac......d

243	古い 書類 を 調べる

ex....e old doc....ts

244	文化 と 伝統

cul...e and tra.....n

245	伝統的な お祭り

a tra......al fes....l

246	古代 文明

an anc...t civ......ion

247	地方の 習慣 を 守る

ob...ve local cu...ms

248	時代 の 産物

a pro...t of the a.e

249	時代を 反映する

ref...t the times

250	歴史の 流れ

the t..e of history

age
ancient
background
civilization
culture
custom
document
examine
festival
historian
historical
mission
observe
product
reflect
tide
tradition
traditional

25 Going for the Bronze

CD 26

241 the historian's mission
[histɔ́ːriənz] [míʃən]

242 historical background
[histɔ́ːrikl] [bǽkgraund]

243 examine old documents
[igzǽmin] [dɑ́kjəmənts]

244 culture and tradition
[kʌ́ltʃər] [trədíʃən]

245 a traditional festival
[trədíʃənl] [féstəvl]

246 an ancient civilization
[éinʃənt] ◀発音 [sivəlizéiʃən]

247 observe local customs
[əbzə́ːrv] [kʌ́stəmz]

248 a product of the age
[prɑ́dəkt] ◀アク [éidʒ]

249 reflect the times
[riflékt]

250 the tide of history
[táid] [hístəri]

26 Going for the Bronze

トイレでも、お風呂でもお連れください

251 世代の 対立
a gen.......al con....t

252 人類 の 未来
the fu...e of man...d

253 産業 革命 工業
the Ind.....al Rev....ion

254 原 材料
r.w mat....ls

255 工場 を見て 歩く
wan..r around the fac...y

256 工場の 機械類
fac...y mac.....y

257 機械の 奴隷
the sl...s of machines

258 科学への 熱情 科学
a pa....n for science

259 科学 技術
science and tec.....gy

260 鋭い 観察者
a k..n ob....er

conflict
factory
future
generational
industrial
keen
machinery
mankind
material
observer
passion
raw
revolution
slave
technology
wander

26 Going for the Bronze

🟢 CD 27

251 a generational conflict
[dʒenəréiʃənl]　　　[kánflikt] ◀ 発音

252 the future of mankind
[fjúːtʃər]　　　[mǽnkaind]

253 the Industrial Revolution
[indʌ́striəl] ◀ アク　[revəljúːʃən]

254 raw materials
[rɔ́ː]　[mətíəriəlz]

255 wander around the factory
[wándər] ◀ 発音　　　　　[fǽktəri]

256 factory machinery
[məʃíːnəri] ◀ 発音

257 the slaves of machines
[sléivz]　　　[məʃíːnz] ◀ 発音

258 a passion for science
[pǽʃən]　　　[sáiəns]

259 science and technology
[teknálədʒi]

260 a keen observer
[kíːn]　[əbzə́ːrvər]

27 Going for the Bronze

あなたは とても運が良い。

basis
complicated
conduct
construct
deal
experiment
explanation
imaginative
material
observation
patient
principle
reasonable
recent
research
scholar
scientific
survey
theory
universal

261 忍耐強い 観察
pa...nt ob......ion

262 想像力に富む 学者
an ima......ve sc...ar

263 研究 を 行なう
con...t re...ch

264 最近の 調査
a re..nt sur..y

265 複雑な 材料 を 扱う
d..l with com......ed ma.....l

266 筋の通った 説明
a rea.....le exp.....ion

267 理論 を 構築する
con.....t a th...y

268 普遍的な 原則
uni....al pri.....es

269 科学的な 根拠
a sci.....ic ba..s

270 科学 実験
a sci.....ic exp.....nt

27 Going for the Bronze

CD 28

261 **patient observation**
[péiʃənt] [ɑbzərvéiʃən]

262 **an imaginative scholar**
[imædʒínətiv] [skálər]

263 **conduct research**
[kəndʌ́kt] ◀アク [ríːsəːrtʃ]

264 **a recent survey**
[ríːsnt] [sə́ːrvei]

265 **deal with complicated material**
[díːl] [kámplikeitid] [mətíəriəl] ◀発音

266 **a reasonable explanation**
[ríːznəbl] [eksplənéiʃən]

267 **construct a theory**
[kənstrʌ́kt] [θíːəri]

268 **universal principles**
[juːnivə́ːrsl] [prínsəplz]

269 **a scientific basis**
[saiəntífik] ◀アク [béisis]

270 **a scientific experiment**
[ikspérimənt]

28 Going for the Bronze

いっしょに始めた
B君どうしたかな？

application
apply
artificial
chemical
energy
error
experiment
intelligence
operate
practical
replace
solar
source
spoil
substance
technology
trial
utilize

271 実験 を やり損(そこ)なう
sp..l an exp.....nt

272 試行 錯誤(さくご)
tr..l and er..r

273 技術 を 応用する
ap..y the tec.....gy

274 実際的な 応用
pra....al ap......ion

275 パソコンを 操作する
op....e a PC

276 タイプライターに 取って代る
rep...e the typewriter

277 人工 知能
art.....al int.......ce

278 エネルギー 源
en...y so...es

279 太陽 エネルギー を 利用する
uti...e so..r en...y

280 化学 物質
che...al sub.....es

28 Going for the Bronze

CD 29

271 spoil an experiment
[spɔ́il]

272 trial and error
[tráiəl] [érər]

273 apply the technology
[əplái] [teknɑ́lədʒi]

274 practical application
[prǽktikl] [æplikéiʃən]

275 operate a PC
[ɑ́pəreit]

276 replace the typewriter
[ripléis] [táipraitər]

277 artificial intelligence
[ɑːrtifíʃəl] [intélidʒəns]

278 energy sources
[énərdʒi] ◀アク [sɔ́ːrsiz]

279 utilize solar energy
[júːtilaiz] [sóulər]

280 chemical substances
[kémikl] [sʌ́bstənsiz]

29 Going for the Bronze

「3ヵ月ぶりだって、しょうがないね」

cause
consider
distinct
effect
factor
gradual
improvement
individual
investigate
investigation
phenomenon
possibility
probable
relationship
remain
result
thorough
unchanged
various
vary

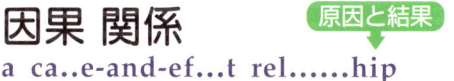

281 段階的な 変化 〔変化〕
gra...l change

282 個人 によって 異なる
v..y with the ind.....al

283 際立った 進歩
a dis....t imp......ent

284 変化せずに 残る
re...n un.....ed

285 因果 関係 〔原因と結果〕
a ca..e-and-ef...t rel......hip

286 現象 を 研究する
inv......te the ph.....non

287 徹底的な 研究
a th....gh inv.......ion

288 さまざまな 要因
va....s fa...rs

289 予想される 結果
pro...le re...ts

290 あらゆる 可能性 を 考慮する 〔確率〕
con....r every pos......ty

29 Going for the Bronze

CD 30

281 **gradual change**
[grǽdʒuəl]

282 **vary with the individual**
[véəri]　　　　　　　[indivídʒuəl] ◀ アク

283 **a distinct improvement**
　　[distíŋkt]　　　[imprúːvmənt]

284 **remain unchanged**
[riméin]　　[ʌntʃéindʒd]

285 **a cause-and-effect relationship**
　　　　[kɔ́ːz]　　　　　[ifékt]　　[riléiʃənʃip]

286 **investigate the phenomenon**
[invéstigeit]　　　　　　[finámənɑn] ◀ アク

287 **a thorough investigation**
　　　[θə́ːrou] ◀ 発音　　[investigéiʃən]

288 **various factors**
[véəriəs]　　[fǽktərz]

289 **probable results**
[prɑ́bəbl]　　[rizʌ́lts]

290 **consider every possibility**
[kənsídər]　　　　　　[pɑsəbíləti]

30 Going for the Bronze

（ここで投げたらもったいない）

291	無限の 可能性 inf...te pos......ties
292	見込みのある 解決法 a li...y so...ion
293	ごくまれな 例外 a r..e exc...ion
294	極端な 例 an ext...e ins....e
295	統計 によれば Sta....ics show that 〜
296	複雑な 計算 com...x cal.....ions
297	正確な 数字 ex..t fi...es
298	具体的な 数字 spe...ic fi...es
299	おおざっぱな 予測 a ro..h es....te
300	合計 を出す do your s.ms

calculation
complex
estimate
exact
exception
extreme
figure
infinite
instance
likely
possibility
rare
rough
solution
specific
statistics
sum

数

30 Going for the Bronze

CD 31

291 **infinite possibilities**
[ínfənit] ◀アク

292 **a likely solution**
[láikli] [səljúːʃən]

293 **a rare exception**
[réər] [iksépʃən]

294 **an extreme instance**
[ikstríːm] [ínstəns]

295 **Statistics show that ～**
[stətístiks]

296 **complex calculations**
[kámpleks] ◀アク [kælkjuléiʃənz]

297 **exact figures**
[igzǽkt] [fígjərz]

298 **specific figures**
[spisífik] ◀アク

299 **a rough estimate**
[rʌ́f] ◀発音 [éstimit] ◀アク

300 **do your sums**
[sʌ́mz]

Going for the Bronze

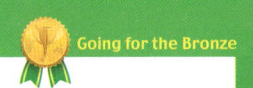

100個 一気食いへの挑戦！

	挑戦日			所要時間		正答数
1	年	月	日	分	秒	/100
2	年	月	日	分	秒	/100
3	年	月	日	分	秒	/100
4	年	月	日	分	秒	/100
5	年	月	日	分	秒	/100
6	年	月	日	分	秒	/100
7	年	月	日	分	秒	/100
8	年	月	日	分	秒	/100
9	年	月	日	分	秒	/100
10	年	月	日	分	秒	/100

繰り返しは無限の喜びである

英単語つれづれ草

3.「みんな救ってあげる」の巻

　日本語のページには、ABC順に並んだ英単語のリストが左側にある。右側の問題の下には答えとなる英語の書き出しのスペルが2字か3字ヒントとしてある。これはただの飾りじゃない。実際にみなさんがドリルをするとき、どういうことが起こるかということを、深く、深く考えたすえでのことですぞ。例えば、「理想的な社会を作る」は、create the ideal society, build the ideal society, establish the ideal societyと動詞はいくつか可能なの。「厳しい競争」だったらsevere competition, heavy competition, tough competitionと、これまたいくつかの形容詞が可能。（日本語⇨英語）には同義語の問題がつねにからんでくる。でも、単語の形を覚える段階で、あまりこのへんで神経を使いすぎるとノイローゼになる。そこで、その場所で覚える単語の書き出しのスペルをヒントとして示して、一件落着としたわけ。

　「ヒント見てもわからないときは、どうしたらいいですか？」

　「だいじょうぶ、安心して下さい。ちゃんと手はうってある。そういうときは、左手で隠していたABC順のリストを指をひらいてちょこっと見る。『ああ、そうか』と思ったら、最初から知っていたような顔をして答えを書く。それがコツだ」

　「センセ、俺、単語力が全然ないから、ヒントもらってもダメ、指をひらいても、『ああ、そうか』なんてムリ、どうしたらいいですか？」

　「だいじょうぶ、まかせなさい。たしかに『ヒント』ですぐわかる人は、その単語をまがりなりにも一度見た生徒さんか、あるいはこの本ですでに何回かドリルをした勤勉な生徒さんだ。これまで一度もでっくわしたことのない単語が、突然なんかの拍子に頭が浮かぶなんてことはあるはずがない。絶対ない。『無い袖は

Going for the Bronze

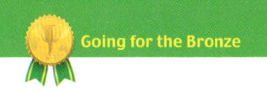

振れない』というでしょう。だから、そういう場合はあきらめる。そう、あきらめるの」

「でも、それじゃあ、救いにならないんじゃん」

「うるさいね、君は。『話は最後まで聞くもんだ』って言葉を知っているだろう。ひとくちに『あきらめる』といったって2種類あるんだ。消極的にあきらめてしまうのと、発展的かつ積極的にあきらめるのと。私がいっているのはあとのほうの『あきらめる』だ。『ああ、そうか』も無理なときは、左手を外して、リストをよく見る。それから、あてはまる英単語を選んで、素直に紙に写す。2、3回でいい、発音しながらやればなお結構。これなら、君でもできるだろう。未知の単語について、すくなくともひとつの働きかけはしたわけだ。何もしないで飛ばすのも悪くない。これはあとで言う」

「センセ、俺も救ってくれますか？」

「なんだ、まだダメなのがいるのか？」

「俺、横文字苦手なんですよ。ABCと並んでいるのをみると、もううう…」

「うううんんんん。困ったね、本当に困った。ところで君はそれでも大学生になりたいのかね？ 横文字が試験に出ない大学なんかないぞ」

「英語以外はまあまあで、やる気は少しはあるんですが」

「それなら、なんとかなるかな。よおし！しばらく、横文字見るな！ 日本語のピーナツを次から次へと読め。全部で777個だ。日本語だから、ひとつ2秒でも1554秒、約30分で一回通読できる。一秒なら15分だ。これを最低一日一回、3ヵ月もやればこの日本語は英語ではどう言うんだろうと知りたくなるのが、1つや2つ出てくる。**できそうなところからやるんだ。私の言うことを信じなさい**」

わたしもできた あなたにもできる！

Going for the Bronze

安倍弘子さん

　私は、浪人時代にかつぞー先生の単語のプリントをやるようになってから、大嫌いだった「単語を覚える」ことが苦にならなくなり、自分でも信じられないくらい覚えられるようになった。そこで、単語に関して現役のときにやったことと、先生のプリントの使い方をお話したいと思います。

　まず、現役のときは、単語集をとにかく最初からひとつひとつ覚えようとしました。「1日10個」と決めてやり、同時に前の日までの分を確認してたので、日が経つにつれ量が多くなり、なかなか先に進めずに挫折してしまい、結局受験の時までに全部終わりませんでした。

　次にプリントのほうですが、これはドリル形式になっているので、スピード感が味わえるところが、今までと違っていて、大きな魅力でした。

　このドリルをやるとき、私は最初にABC順のリストを見ていました。完全に覚えてなくても、やったことのある単語はすぐ思い出せるからです。実際にドリルをするときも、最初の2文字がヒントになっているおかげで、かなり楽にできました。リストやヒントを見てやることは、意味がないように思われるかもしれませんが、それは違います。繰り返しやればリストなしでもできるようになりますし、この方式のほうが絶対に早く覚えられます。出来なかった単語はチェックして、発音しながら2～3回書いておき、次にやったときにこのチェックが一つでも減ったら素直に喜ぶのです。現役のころは、「せっかく覚えたのにこんなに忘れて」なんて思っていました。よい方向に心を向けるコツみたいなものに気づいてから精神的に楽になり、単語を覚える作業もはかどるようになったのです。

　みなさんも繰り返し練習して、是非スピード感を味わってください。きっと『英単語ピーナツ』はほとんど覚えたという自信をもって受験に臨めると思います。

31 Going for the Bronze

弱気につけ込む悪魔に御用心！

301	**全体 の 一 部分** 形 a por...n of the wh..e
302	**二つの部分から なる** con...t of two parts
303	**円 運動** a cir....r mo...n
304	**長さ を 測る** 寸法 mea...e the len..h
305	**深さ を 推測する** gu..s the de..h
306	**幅 の 見当をつける** est....e the wi..h
307	**傾斜15度 の 坂** a 15-deg..e sl..e
308	**時間が 許せば** 時間 if time per..ts
309	**大切な 時間を 無駄にする** wa..e pre....s time
310	**永遠に 続く** l..t for...r

circular
consist
degree
depth
estimate
forever
guess
last
length
measure
motion
permit
portion
precious
slope
waste
whole
width

31 Going for the Bronze

CD 32

301 a portion of the whole
[pɔ́:rʃən] [hóul] ◀発音

302 consist of two parts
[kənsíst] [pá:rts]

303 a circular motion
[sə́:rkjulər] [móuʃən]

304 measure the length
[méʒər] ◀発音 [léŋkθ]

305 guess the depth
[gés] [dépθ]

306 estimate the width
[éstimeit] ◀アク [wídθ] ◀発音

307 a 15-degree slope
[digrí:] [slóup]

308 if time permits
[pərmíts]

309 waste precious time
[wéist] [préʃəs]

310 last forever
[lǽst] [fərévər]

32 Going for the Bronze

311 ちょっと 間をおく
pa..e for a mo...t

312 一定の（時間）間隔で
at reg...r int....ls

313 不規則な 生活をする
keep irr....ar hours

314 急な 用事
ur...t business

315 大 急ぎ で
in great h...e

316 そのような 場合 には
on such oc.....ns

317 現在の 状況
the cur...t sit...ion

318 安定した 収入
a ste..y in...e

お金

319 年間 収入
ann..l in...e

320 生活 水準
sta....d of li...g

表紙をなでて
おまじない

annual
current
haste
income
interval
irregular
living
moment
occasion
pause
regular
situation
standard
steady
urgent

32 Going for the Bronze

CD 33

311 pause for a moment
[pɔ́ːz] [móumənt]

312 at regular intervals
[régjulər] [íntərvlz] ◀アク

313 keep irregular hours
[irégjulər] [áuərz]

314 urgent business
[ə́ːrdʒənt] [bíznis]

315 in great haste
[héist]

316 on such occasions
[əkéiʒənz]

317 the current situation
[kə́ːrənt] [sitʃuéiʃən]

318 a steady income
[stédi] [ínkʌm]

319 annual income
[ǽnjuəl]

320 standard of living
[stǽndərd]

33 Going for the Bronze

> 計画どおりに進まなくてもいいのだ

accompany
accumulate
bill
bundle
compare
complain
debt
emerge
fortune
inherit
modest
nearby
poverty
price
property
purse
string
supermarket
thick

321 ささやかな 財産
a mod..t for..ne

322 財布 の ひも
pu..e st...gs

323 100ドル 札 の 厚い 束
a th..k bun..e of $100 b..ls

324 財産 を 相続する
inh...t pro...ty

325 あちこちで 借金 をつくる
acc.....te d..ts

326 貧困 から 抜け出す
em...e from pov..ty

327 友達に 付き合う　買物
acc....ny a friend

328 近くの スーパー
a nea..y sup......et

329 値段 を 比べる
com...e pr..es

330 物価 高に 不平を言う
com....n about high pr..es

33 Going for the Bronze

CD 34

321 a modest fortune
[mádist] [fɔ́ːrtʃən]

322 purse strings
[pə́ːrs] [stríŋz]

323 a thick bundle of $100 bills
[θik] [bʌ́ndl] [bílz]

324 inherit property
[inhérit] [prápərti]

325 accumulate debts
[əkjúːmjuleit] [déts] ◀発音

326 emerge from poverty
[imə́ːrdʒ] [pávərti]

327 accompany a friend
[əkʌ́mpəni]

328 a nearby supermarket
[níərbai] [sjúːpərmɑːrkit]

329 compare prices
[kəmpéər] [práisiz]

330 complain about high prices
[kəmpléin]

34 Going for the Bronze

全部おぼえる必要はない

benefit
bow
calculate
commercial
customer
demand
district
economics
huge
luxury
modern
mutual
necessity
productive
profit
realize
supply
venture

331 おつりを 計算する
cal....te the change

332 贅沢品 と 必需品
lu...ies and nec....ties

333 商業 地域 （商業）
a com.....al dis....t

334 儲かる 事業
a pro.....ve ven...e

335 黒字 を 実現する
rea...e a pro..t

336 ばくだいな 利益
h..e pro..ts

337 相互 利益
mu..al ben...t

338 お客 に お辞儀する
b.w to cus...ers

339 近代 経済学
mod..n eco.....s

340 需要 と 供給
su...y and de...d

34 Going for the Bronze

CD 35

331 calculate the change
[kǽlkjuleit]

332 luxuries and necessities
[lʌ́kʒəriz] ◀発音　[nəsésətiz] ◀アク

333 a commercial district
[kəmə́ːrʃl]　　[dístrikt]

334 a productive venture
[prədʌ́ktiv]　　[véntʃər]

335 realize a profit
[ríːəlaiz]　[práfit]

336 huge profits
[hjúːdʒ]

337 mutual benefit
[mjúːtʃuəl]　[bénifit]

338 bow to customers
[báu] ◀発音　[kʌ́stəmərz]

339 modern economics
[mádərn] ◀アク [iːkənámiks] ◀アク

340 supply and demand
[səplái]　　[dimǽnd]

35 Going for the Bronze

気持ちはいつも積極的に

affect
crisis
decrease
economic
economy
energy
entire
financial
flourish
increase
major
material
production
progress
prosperity
purchase
ruin
threat

341 繁栄する 経済
a flo.....ing eco...y

342 購買 力
pur....ing power

343 生産 を 増やす
inc....e pro....ion

344 経済 発展
eco....c pro....s

345 物質的な 繁栄
mat....l pro.....ty

346 エネルギー 危機
an en...y cr...s

347 大きな 脅威
a ma..r th...t

348 全 世界に 影響する
af...t the en...e world

349 財政的な 破綻(はたん)
fin.....l r..n

350 売上の 減少
a dec....e in sales

35 Going for the Bronze

341 a flourishing economy
[fláːriʃiŋ] [iːkánəmi]

342 purchasing power
[páːrtʃəsiŋ]

343 increase production
[inkríːs] [prədʌ́kʃən]

344 economic progress
[iːkənámik] ◀アク [prágres]

345 material prosperity
[mətíəriəl] ◀発音 [praspérəti]

346 an energy crisis
[énərdʒi] ◀アク [kráisis]

347 a major threat
[méidʒər] [θrét]

348 affect the entire world
[əfékt] [intáiər]

349 financial ruin
[fainǽnʃl] [rúːin]

350 a decrease in sales
[díːkriːs] [séilz]

36 Going for the Bronze

351 大企業を 優遇する
fa..r big business

352 製品 を 輸出する 〔貿易〕
ex...t mer.....ise

353 貿易 黒字
tr..e sur...s

354 貿易 赤字
tr..e def...t

355 赤字 を 減らす
red..e the def...t

356 〜の 輸入 を 禁止する
pro....t im...ts of 〜

357 政治 について 議論する 〔政治〕
ar..e about pol...cs

358 国内 問題 を 話しあう
dis...s dom...ic is..es

359 理想的な 社会 をつくる
cre..e the id..l so....y

360 民主主義 社会
a dem....tic so....y

続けていけば
勝利がポン

argue
create
deficit
democratic
discuss
domestic
export
favor
ideal
import
issue
merchandise
politics
prohibit
reduce
society
surplus
trade

36 Going for the Bronze

CD 37

351 **favor big business**
[féivər] [bíznis]

352 **export merchandise**
[ekspɔ́ːrt] ◀アク [mɚ́ːrtʃəndaiz]

353 **trade surplus**
[tréid] [sɚ́ːrpləs]

354 **trade deficit**
[défisit]

355 **reduce the deficit**
[ridjúːs]

356 **prohibit imports of ～**
[prouhíbit] [ímpɔːrts] ◀アク

357 **argue about politics**
[áːrgjuː] [pálitiks] ◀アク

358 **discuss domestic issues**
[diskʌ́s] [dəméstik] [íʃuːz]

359 **create the ideal society**
[kriéit] [aidíːəl] [səsáiəti]

360 **a democratic society**
[deməkrǽtik] ◀アク

37 Going for the Bronze

中間点はすぐそこだ

361 危機 に立つ 民主主義
dem....cy in pe..l

362 集会 の 自由
fre...m of ass...ly

363 自由 の 恩恵
the ble....gs of fre...m

364 独立 宣言
the Dec.....ion of Ind......nce

365 自由 と 平等
lib...y and equ....y

366 政治的 安定
pol....al sta.....y

367 独立 国家
an ind......nt co...ry

368 富 と 権力
wea..h and power

369 権力を 保持する
re...n power

370 新 政府 を 樹立する
est.....h a new gov.....nt

assembly
blessing
country
declaration
democracy
equality
establish
freedom
government
independence
independent
liberty
peril
political
retain
stability
wealth

37 Going for the Bronze

CD 38

361 **democracy in peril**
[dimákrəsi] ◀ アク　　[pérl]

362 **freedom of assembly**
[frí:dəm]　　　[əsémbli]

363 **the blessings of freedom**
　　　　[blésiŋz]

364 **the Declaration of Independence**
　　　[dekləréiʃən]　　　[indipéndəns]

365 **liberty and equality**
[líbərti]　　　[i:kwáləti]

366 **political stability**
[pəlítikl] ◀ アク　[stəbíləti]

367 **an independent country**
　　　[indipéndənt]　　　[kʌ́ntri]

368 **wealth and power**
[wélθ]　　　[páuər]

369 **retain power**
[ritéin]

370 **establish a new government**
[istǽbliʃ]　　　　[gʌ́vərnmənt]

38 Going for the Bronze

やり続ける人に不安はない

371	**福祉 計画** wel...e pro...ts
372	**法案 に 同意する** ap...ve the b..l
373	**法案 に 反対する** op...e the b..l
374	**票決 を行なう** take a v..e
375	**総 選挙** the gen...l el...ion
376	**腐敗した 政治家** co...pt pol.....ans
377	**公務員** ci..l ser...ts
378	**人間の 尊厳** hu..n dig...y
379	**基本的 人権** fun......al hu..n r...ts
380	**人権 を 抑圧する** sup...ss hu..n r...ts

approve
bill
civil
corrupt
dignity
election
fundamental
general
human
oppose
politician
project
right
servant
suppress
vote
welfare

38 Going for the Bronze

CD 39

371 **welfare projects**
[wélfeər] [prádʒekts]

372 **approve the bill**
[əprúːv] [bíl]

373 **oppose the bill**
[əpóuz]

374 **take a vote**
[vóut]

375 **the general election**
[dʒénərl] [ilékʃən]

376 **corrupt politicians**
[kərʌ́pt] [pɑlitíʃənz] ◀アク

377 **civil servants**
[sívl] [sə́ːrvənts]

378 **human dignity**
[hjúːmən] [dígniti]

379 **fundamental human rights**
[fʌndəméntl] ◀アク

380 **suppress human rights**
[səprés]

39 Going for the Bronze

待つとはすぐ結果を期待しないこと

381	抗議 運動	a pro...t mov....t
382	一般の 人々	ord....y people
383	地域 社会	lo..l com....ty
384	国際 会議	an int........al con.....ce
385	国際 協力	int........al coo....ion
386	意見の一致 を みる	re..h an ag.....nt
387	法 と 秩序	l.w and or..r （法律）
388	無意味な 規則	sen.....s reg....ions
389	社会的 不公平	so...l inj....ce
390	人々を 公平に 扱う	tr..t people fa..ly

agreement
community
conference
cooperation
fairly
injustice
international
law
local
movement
order
ordinary
protest
reach
regulation
senseless
social
treat

39 Going for the Bronze

CD 40

381 **a protest movement**
[próutest] [múːvmənt]

382 **ordinary people**
[ɔ́ːrdəneri]

383 **local community**
[lóukl] [kəmjúːnəti]

384 **an international conference**
[intərnǽʃənl] [kánfərəns]

385 **international cooperation**
[kouɑpəréiʃən]

386 **reach an agreement**
[ríːtʃ] [əgríːmənt]

387 **law and order**
[lɔ́ː] [ɔ́ːrdər]

388 **senseless regulations**
[sénsləs] [regjuléiʃənz]

389 **social injustice**
[sóuʃl] [indʒʌ́stis]

390 **treat people fairly**
[tríːt] [féərli]

40 Going for the Bronze

マイペース、マイペース

391	厳しい 処罰
	se...e pun....ent

392	弓と矢
	a b.w and ar..ws

戦争

393	城 を 守る
	de...d the ca...e

394	血みどろの 闘い
	a bl...y ba...e

395	敵 を 包囲する
	sur....d the en..y

396	敵 をやっつける
	de...t the f.e

397	あからさまの 侵略
	na..d agg....ion

398	戦争 の 惨事
	the ho...rs of w.r

399	毒 ガス
	po...n gas

400	原子 爆弾
	an at...c b..b

aggression
arrow
atomic
battle
bloody
bomb
bow
castle
defeat
defend
enemy
foe
horror
naked
poison
punishment
severe
surround
war

40 Going for the Bronze

CD 41

391 severe punishment
[sivíər] [pʌ́niʃmənt]

392 a bow and arrows
[bóu] [ǽrouz] ◀発音

393 defend the castle
[difénd] [kǽsl]

394 a bloody battle
[blʌ́di] ◀発音 [bǽtl]

395 surround the enemy
[səráund] [énəmi]

396 defeat the foe
[difíːt] [fóu]

397 naked aggression
[néikid] ◀発音 [əgréʃən]

398 the horrors of war
[hɔ́ːrərz] [wɔ́ːr]

399 poison gas
[pɔ́izn] [gǽs]

400 an atomic bomb
[ətámik] [bám] ◀発音

Going for the Bronze

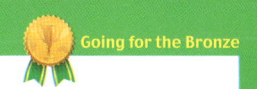

100個 一気食いへの挑戦！

	挑戦日			所要時間		正答数
1	年	月	日	分	秒	/100
2	年	月	日	分	秒	/100
3	年	月	日	分	秒	/100
4	年	月	日	分	秒	/100
5	年	月	日	分	秒	/100
6	年	月	日	分	秒	/100
7	年	月	日	分	秒	/100
8	年	月	日	分	秒	/100
9	年	月	日	分	秒	/100
10	年	月	日	分	秒	/100

繰り返しは無限の喜びである

英単語つれづれ草

4.「あとでね、あとでね」の巻

　参考書というものは1ページ目からきちんとやるものだと信じて疑わない人がいる。英単語集ときたらなおさらで、単語は必ず試験に「でる順」「頻度順」に並んでいるはずだから、最初のほうからやるのが効果的だと盲信しているらしい。お利口さんとはいえないね。まあ、「でる順」「頻度順」への爆弾投下は次の『銀メダルコース』にゆずるとして、ここではいわないが、この本にかぎって最初から一題ずつ几帳面にやることなんかないぞ。それどころか、そんなふうにやっては続かんのや。続かなければ「この本ダメだ」と放りだす。ついでに受験も放りだせれば見あげたものだが、やっぱり心の中でウジウジやる。そしてまた本屋へ行って、単語集をさがす。『ラクチンの英単語』とか『驚異の単語速習法』なんてのが目につくと、もういけない。この繰り返しだ。時間は確実に過ぎていく。不安感も増してくる。それでもあきらめずにあれこれ試していけば、自分なりに勉強法や、参考書の真実もわかってくるが、まあ、ほとんどの生徒さんは、そこまでいかない。受験の結果を決めるのは頭の程度だと信じているようだが、それは半分の真実だ。考えてもみたまえ、いくら頭が良くても、いつも焦りに悩まされ、勉強の方針がクルクル変わっていては、成功するはずがない。

　君が不幸にして、いま私が説明したようなタイプの生徒さんだったら、なるたけ早い時期に心の軌道修正をしないといかん。どうやってやるか知りたいでしょう？　知りたいはずだよね。答えは実に単純だ。「できそうなところだけ念入りに何回もやって、静かに待つ」だ。なんだそんなことか、というなかれ。言葉はかんたんだが、実行するとなると大変だ。特に「待つ」のところがきつい。このやりかたで何回か成功を味わえば自信ができて、

Going for the Bronze

「待てる」ようになるが、最初はそうはいかん、よくわかる、私にも覚えがあるんだから。しかし、それ以外の方法を私は知らない。「だまされたつもりになって」という言葉があるが、これはこういう場合の言葉だと思う。合格体験談を読むのは好きだけど、いざ自分の実際の勉強となると行動力がでてこない人って多いですね。そういう人に私はいつもこういってきた。

「もうそろそろ、自分の直感を信じろ！いままであれこれ勉強法について読んだり聞いたりしてきたんだから、一つくらいは今の自分でも出来て、これが自分にはいいと思えることがあるだろう。それを実際にやれ！その先のことは心配するな。勉強法の全体的な体系とか、学力増進の進度表とか、そんなものは欲しがるな。今の君に必要なのはそんなものじゃない。行動力なんだ。いつ展望が開けるかわからないのに、一つの行動にかける勇気なんだ。わかるか？**実際に一つのことをやれば、それが７割位スラスラできるようになったとき、次にやることは自然に頭に浮かんでくる**（作家の安倍公房氏はひとつの作品が終わりに近づく頃、次の作品のテーマが浮かんだという）。

それでは英単語ピーナツを手にしてくれたみなさんにもひとこと。

「食べられそうもないピーナツは無理に食べようとするな。どんどん飛ばそう。１ページで１個しか食べられなくてもがっかりするな。ただし、その１個はうんと大事にして、牛のように反芻（はんすう）しよう。そうしていれば、そのうち必ず、他のピーナツたちが君にささやきかけてくる。『ねえ、私も食べてよ、いまのあなたなら食べられるわ』と、そのときがそのピーナツの食べ頃なのだ。この本の６割か７割までは、食べたピーナツたちを大事にして、まだ食べてないピーナツは『あとでね、あとでね』と、向こうから誘ってくるまで無視しておこう」

> わたしもできた
> あなたにもできる！

Going for the Bronze

田島里奈さん

　受験生のみなさん、勉強お疲れさまです。私も医学部での勉強で、毎日結構疲れています。かつぞー先生の英単語集に出会ったのは、一浪して、2度目の受験のほんの数か月前でした。ある予備校の直前講習でのゼミでです。先生のゼミだから面白そうだという、ほんの息抜きのつもりで受講したのです。5日間程のゼミで、まず手をつけたのは形容詞、理由はいちばんプリントの枚数が少なかったからです。「何事もやりやすいところから片付けていく、ただし絶対手抜きはしないで念入りにやる、そうすれば必ず展望が開ける」というのが先生の原則でした。

　具体的な方法は、日本語で書かれた単語をひたすら英語に直していく。わからない単語はチラッとヒントやリストを見て、とりあえず写す。これを繰り返し、最後までやるのに何秒かかるかをみんなで競います。まるで遊びのようですが、正確に単語を覚えていないと書くことなんて出来ないし、日本語を見て考えているようでは時間がかかる。日本語を見て本能的に単語を書けるというところまで訓練して、新記録に挑戦できるわけです。この方法で頑張ると、腕の筋肉痛と引き換えに、確実にたくさんの単語を覚えられます。

　単語は勉強してどうこうなるような理屈っぽいものではないと思います。あれこれ考えている暇があったら、どんどんトレーニングをすることです。手を動かしていれば眠気も醒めるでしょう。よい気分転換にもなります。そのように地道に努力を続けているうちに、試験の長文なんかを読みながら、思わずニヤッと笑える日がきっと来ます。

41 Going for the Bronze

じたばたするな、みっともない

chase
commit
crime
inform
long
murder
nuclear
permanent
pray
prevent
robber
secure
survive
victim

401 核 戦争を 防ぐ　平和
pre...t nu...ar war

402 核 戦争を 生きぬく
sur...e a nu...ar war

403 平和を 強く願う
l..g for peace

404 平和を 祈る
p..y for peace

405 世界平和を 確立する
sec..e world peace

406 永遠の 平和
per.....t peace

407 銀行 強盗 を 追いかける　犯罪
ch..e a bank ro...r

408 犯罪 の 犠牲者
a cr..e vi...m

409 殺人 を 犯す
co...t mu...r

410 警察に 通報する
in...m the police

41 Going for the Bronze

CD 42

401 **prevent nuclear war**
[privént] [njúːkliər] ◀アク

402 **survive a nuclear war**
[səːrváiv] ◀アク

403 **long for peace**
[píːs]

404 **pray for peace**
[préi]

405 **secure world peace**
[sikjúər]

406 **permanent peace**
[pə́ːrmənənt]

407 **chase a bank robber**
[tʃéis] [rábər]

408 **a crime victim**
[kráim] [víktim]

409 **commit murder**
[kəmít] [məːrdər]

410 **inform the police**
[infɔ́ːrm] [pəlíːs]

42 Going for the Bronze

勝てる、勝ちます、勝ちましょう

admit
clear-cut
confrontation
convincing
deceive
dirty
enemy
evidence
guilt
innocence
offer
proof
prove
reliable
resort
reward
trick
violence
violent
witness

411 懸賞金 を 出す
of..r a re...d

412 明白な 証拠
cl..r-cut evi...ce

413 人を納得させる 証拠
con....ing pr..f

414 信頼できる 目撃者
a rel...le wit...s

415 罪 を 認める
ad..t your gu..t

416 無実 を 証明する
pr..e your inn.....e

417 暴力 に 訴える
re...t to vio....e

418 暴力的 衝突
a vi....t con......tion

419 汚い 策略
di..y tr..ks

420 敵 を 欺く
de...ve the en..y

42 Going for the Bronze

CD 43

411 offer a reward
[ɔ́ːfər] [riwɔ́ːrd]

412 clear-cut evidence
[évidəns]

413 convincing proof
[kənvínsiŋ] [prúːf]

414 a reliable witness
[riláiəbl] [wítnis]

415 admit your guilt
[ədmít] [gílt]

416 prove your innocence
[prúːv] ◀発音 [ínəsns]

417 resort to violence
[rizɔ́ːrt] [váiələns]

418 a violent confrontation
[váiələnt] [kɑnfrəntéiʃən]

419 dirty tricks
[dɚ́ːrti] [tríks]

420 deceive the enemy
[disíːv] [énəmi]

43 Going for the Bronze

あなたが負けたら誰が勝つ

accident
automobile
chaos
confusion
death
describe
disorder
escape
freeze
incident
injury
minor
outcome
serious
starve
timely
tragic
warning

421 大 混乱
great con.....n 　混乱

422 無秩序 で 混沌(こんとん)
dis....r and ch..s

423 凍え死ぬ
fr...e to d..th 　死

424 飢え死にする
st...e to d..th

425 自動車 事故
an aut.....le ac.....t 　事故

426 タイミングのよい 警告
a ti..ly war...g

427 重傷 を 免れる
es...e ser...s in...y

428 軽い 怪我
a mi..r in...y

429 出来事 の 説明をする
des...be the inc....t

430 悲劇的な 結果
a tr...c out...e

43 Going for the Bronze

CD 44

421 great confusion
[kənfjúːʒən]

422 disorder and chaos
[disɔ́ːrdər]   [kéiɑs]

423 freeze to death
[fríːz]   [déθ]

424 starve to death
[stáːrv]

425 an automobile accident
[ɔ́ːtəmoubiːl] ◀発音   [æksidənt]

426 a timely warning
[táimli]   [wɔ́ːrniŋ]

427 escape serious injury
[iskéip]   [síəriəs]   [índʒəri]

428 a minor injury
[máinər]

429 describe the incident
[diskráib]   [ínsidənt]

430 a tragic outcome
[trǽdʒik]   [áutkʌm]

44 Going for the Bronze

なにくそ！
なにくそ

adult
alter
behave
behavior
celebrate
crawl
cute
grown-up
growth
male
mature
population
properly
sole
survivor

431	唯一の 生存者 the s..e sur...or
432	人口 の 増加　　　　人間 pop....ion gr...h
433	可愛い 赤ちゃん a c..e baby
434	家中を はいまわる cr..l around the house
435	18歳の誕生日を 祝う cel....te your 18th birthday
436	成人 男子 an ad..t m..e
437	一人前の 女性 a gr..n-up woman
438	分別のある 大人 a ma...e man
439	適切に ふるまう　　行動 be...e pro...ly
440	行動 を 変える al..r their beh....r

44 Going for the Bronze

431 the sole survivor
[sóul] [səːrváivər]

432 population growth
[pɑpjuléiʃən] [gróuθ]

433 a cute baby
[kjúːt]

434 crawl around the house
[krɔ́ːl]

435 celebrate your 18th birthday
[séləbreit] [báːrθdei]

436 an adult male
[ədʌ́lt] [méil]

437 a grown-up woman
[gróunʌp]

438 a mature man
[mətjúər]

439 behave properly
[bihéiv] ◀発音 [prápərli]

440 alter their behavior
[ɔ́ːltər] [bihéivjər]

45 Going for the Bronze

おっ!! あなた中学生？ やるじゃーん

average
bite
bodily
brain
cell
chest
defense
development
feature
figure
function
height
mechanism
nail
physical
resemble
slender
stomach

身体

441	身体の 諸 機能
	bo..ly fun....ns

442	脳 細胞
	br..n c..ls

443	（体の）防御 機構
	a def...e me....ism

444	体の 発達
	ph....al dev.....ent

445	平均 身長
	av....e hei..t

446	体の 特徴
	ph....al fea...es

447	ほっそりした 体つき
	a sl...er fi...e

448	母親に 似る
	res...le your mother

449	胸 や 腹
	ch..t and st...ch

450	爪 を かむ
	b..e your n..ls

45 Going for the Bronze

CD 46

441 **bodily functions**
[bádili] [fʌ́ŋkʃənz]

442 **brain cells**
[bréin] [sélz]

443 **a defense mechanism**
[diféns] [mékənizm] ◀アク

444 **physical development**
[fízikl] [divéləpmənt]

445 **average height**
[ǽvəridʒ] ◀アク [háit] ◀発音

446 **physical features**
[fízikl] [fíːtʃərz] ◀発音

447 **a slender figure**
[sléndər] [fígjər]

448 **resemble your mother**
[rizémbl]

449 **chest and stomach**
[tʃést] [stʌ́mək] ◀発音

450 **bite your nails**
[báit] [néilz]

46 Going for the Bronze

いい子ね、ほんとにいい子

appetite
bare
blood
breath
breathe
check
chew
digest
empty
fist
headache
hold
hunger
pressure
satisfy
slight
stomach
vessel

451 素手の 握りこぶし
b..e f..ts

452 血管
bl..d ve...ls

453 血圧 を 測る
ch..k his bl..d pre...re

454 深く 呼吸する
br...he deeply

455 息 を こらえる
h..d your br...h

456 すきっ腹 で
on an em..y st...ch

457 空腹 を 満たす
sa...fy your hu...r

458 噛んで 消化する
c..w and di...t

459 食欲 をなくす
lose your ap....te

460 軽い 頭痛
a sl...t hea...he

病気・怪我

46 Going for the Bronze

CD 47

451 **bare fists**
[béər] [físts]

452 **blood vessels**
[blʌ́d] ◀発音 [véslz]

453 **check his blood pressure**
[tʃék] [préʃər]

454 **breathe deeply**
[bríːð] ◀発音

455 **hold your breath**
[bréθ] ◀発音

456 **on an empty stomach**
[émpti] [stʌ́mək]

457 **satisfy your hunger**
[sǽtisfai] [hʌ́ŋgər]

458 **chew and digest**
[tʃúː] [daidʒést]

459 **lose your appetite**
[ǽpitait]

460 **a slight headache**
[sláit] [hédeik]

47 Going for the Bronze

461 時々 起こる 頭痛
oc......al hea...hes

462 顔色が 青く なる
turn p..e

463 咳き止めの薬
co..h med....e

464 苦い 錠剤
bi...r p..ls

465 恐ろしい 病気
a hor...le di...se

466 専門家 に 相談する
con...t a spe......t

467 優れた 外科医
a dis......hed sur...n

468 医学の 進歩
med...l progress

469 喫煙を 禁じる
b.n smoking

470 病人 の 世話をする
take c..e of a s..k person

気を抜いたら
いかんぜよ

喝

ban
bitter
care
consult
cough
disease
distinguished
headache
horrible
medical
medicine
occasional
pale
pill
sick
specialist
surgeon

47 Going for the Bronze

CD 48

461 **occasional headaches**
[əkéiʒənl] [hédeiks]

462 **turn pale**
[tə́ːrn] [péil]

463 **cough medicine**
[kɔ́ːf] ◀発音 [médisən]

464 **bitter pills**
[bítər] [pílz]

465 **a horrible disease**
[hɔ́ːrəbl] [dizíːz]

466 **consult a specialist**
[kənsʌ́lt] [spéʃəlist]

467 **a distinguished surgeon**
[distíŋgwiʃt] [sə́ːrdʒən]

468 **medical progress**
[médikl] [prɑ́gres]

469 **ban smoking**
[bǽn]

470 **take care of a sick person**
[kéər] [pə́ːrsn]

48 Going for the Bronze

ねばった者が勝ちである

471	特別の 注意 を払う
	pay par.....ar at....ion to

472	手厚い 看護
	ten..r loving c..e

473	弱々しい 脈拍
	a fe...e pu..e

474	患者 の 体温
	the pa....t's tem.....ure

475	熱 を下げる
	bring the fe..r down

476	傷 を 包帯でしばる
	ban...e the wo..d

477	包帯 を 外す
	re...e the ban...es

478	ガン の 治療法
	a c..e for ca...r

479	病人を 治す
	h..l the sick

480	痛 くて 大声をあげる
	sc...m with p..n

attention
bandage
cancer
care
cure
feeble
fever
heal
pain
particular
patient
pulse
remove
scream
temperature
tender
wound

48 Going for the Bronze

CD 49

471 pay particular attention to
[pərtíkjulər] ◀ アク

472 tender loving care
[téndər]

473 a feeble pulse
[fíːbl]   [pʌls]

474 the patient's temperature
[péiʃənts]   [témpərtʃuər]

475 bring the fever down
[fíːvər] ◀ 発音

476 bandage the wound
[bǽndidʒ]   [wúːnd] ◀ 発音

477 remove the bandages
[rimúːv]   [bǽndidʒiz]

478 a cure for cancer
[kjúər]   [kǽnsər]

479 heal the sick
[híːl]

480 scream with pain
[skríːm]   [péin]

49 Going for the Bronze

書いて、書いて、書きまくる

ankle
cheer
diet
fatigue
illness
improve
injure
mental
recover
recovery
regain
relieve
remarkable
strain
strength
twist
wrist

481 痛みを 取り除く
rel...e the pain

482 手首 を 怪我する
in...e your wr..t

483 足首 を ひねる
tw..t your an..e

484 病気の友を 元気づける
ch..r up a sick friend

485 病気 から 快復する
re...er from an il...ss

486 目覚ましい 回復をする
make a rem.....le re....ry

487 体力 を 取り戻す
re...n your st....th

488 食生活 を 改善する
im...ve your d..t

489 精神的な 疲労
me...l fa....e

490 精神的な 緊張
me...l st...n

49 Going for the Bronze

CD 50

481 **relieve the pain**
[rilíːv]

482 **injure your wrist**
[índʒər]　　　　　　[ríst]

483 **twist your ankle**
[twíst]　　　　　[ǽŋkl]

484 **cheer up a sick friend**
[tʃíər]

485 **recover from an illness**
[rikʌ́vər]　　　　　　[ílnis]

486 **make a remarkable recovery**
　　　　　[rimάːrkəbl]　　[rikʌ́vəri]

487 **regain your strength**
[rigéin]　　　　　[stréŋkθ]

488 **improve your diet**
[imprúːv] ◀発音

489 **mental fatigue**
[méntl]　　[fətíːg] ◀アク

490 **mental strain**
　　　　　[stréin]

50 Going for the Bronze

腕のシビレは勝利のあかし

491 目に見える 光 感覚
vi...le light

492 目に見えない スペクトル
inv....le sp....um

493 視覚的 認識
vi...l per....ion

494 新たな 興味 を 刺激する
sti....te fr..h in.....t

difference
display
flash
fresh
genius
habit
interest
intuition
invisible
perceive
perception
slight
sound
spectrum
stimulate
talent
unconscious
visible
visual

495 信頼できる 直感
s...d int.....n

496 かすかな 変化に 気づく
per....e a sl...t change

497 違い がわかる
see the dif.....ce

498 無意識な 癖
unc......us ha..ts

499 〜の 才能 を 示す 才能
dis...y a ta...t for

500 天才 の ひらめき
a fl..h of ge...s

50 Going for the Bronze

CD 51

491 visible light
[vízəbl]

492 invisible spectrum
[invízəbl]　　　[spéktrəm]

493 visual perception
[víʒuəl]　　　[pərsépʃən]

494 stimulate fresh interest
[stímjəleit]　　　　　　　[íntərist] ◀ アク

495 sound intuition
[sáund]　　[intju:íʃən]

496 perceive a slight change
[pərsí:v]　　　　[sláit]

497 see the difference
　　　　　　[dífərens]

498 unconscious habits
[ʌnkánʃəs]　　　　[hǽbits]

499 display a talent for
[displéi]　　　[tǽlənt]

500 a flash of genius
　　　[flǽʃ]　　　[dʒí:njəs]

Going for the Bronze

100個 一気食いへの挑戦！

挑戦日	所要時間	正答数
1 年 月 日	分 秒	/100
2 年 月 日	分 秒	/100
3 年 月 日	分 秒	/100
4 年 月 日	分 秒	/100
5 年 月 日	分 秒	/100
6 年 月 日	分 秒	/100
7 年 月 日	分 秒	/100
8 年 月 日	分 秒	/100
9 年 月 日	分 秒	/100
10 年 月 日	分 秒	/100

繰り返しは無限の喜びである

英単語つれづれ草

5.「入試は参加することに意義があるのではない」の巻

　もうだいぶ慣れただろうか。結構、結構。だけど私からみるとそのあたりが一番あぶないんだ。前の章は「あせるわりにはすぐあきらめてしまう生徒さん」を念頭において書いたが、今度は「なんでもひととおりはやるけど、止めを刺すのが下手な人」向けだ。

　この本は見かたによっては、実に単純な本だ。日本語⇨英語の流れで、連語がだいたい主題別に777個並んでいるだけだ。誤りやすい発音とか多義語とか、スペルが似ている単語の一覧とか、その他のいわゆる「まとめ欄」もない。もちろん、そうしたものを全部無視したわけではない。発音やアクセントで注意すべきものや、よく出題されるものは発音記号の欄で印をつけた。ただしまとめるとしたら、みなさんが自分でやらなければならない。不親切というなかれ。自分でやったほうが、力がつくんだ。他の単語集には結構あれこれいっぱいつまっているのは私も知っている。しかしそうしたものはあえて入れないことにした。

　いろいろと盛り沢山にする代わりに、全体をなるだけ素朴に単純に仕上げて、単語数は多めにした。陸上にたとえれば、単純な中距離走だ。ハードル競走だと特別な技術がいるが、ただ走るだけなら誰でもできる。日本語の意味に合う英語のスペルを思い出していくだけなんだから、やさしいよね。でもこの単純さが落し穴になる人もいるから、あらかじめ注意しておこう。

　仮に3千メートル競走としよう。まずは、途中で歩いてもいいから、ともかく3千メートルの距離を走れるようにしなければならない。これは当然だ。しかし、君が首尾よく3千メートル走れるようになっても、何かの大会で入賞できるかというと話は別だ。3千メートルに1時間もかかっては、勝負には勝てない。中学男

Going for the Bronze

子の記録で9分を切っている。ただし、参加することに意義がある場合は別。

　英単語の場合も事情は全く同じだ。少し勤勉な人なら、この本はだいたい覚えたという感じになるのに、あまり時間はかからないであろう。そうした印象を比較的早い時期に味わえるように作ってある。

　しかし、本当の勝負はそこからだ。一口に覚えたといってもいろいろな段階があるんだ。最後はスピードの勝負になる。この本では10回ごとにチェック欄がついているが、これは上級者向けだ。君がまがりなりにも7割位のピーナツが食べられるようになったら、10回分まとめてやってみたまえ。百個何分の早食い競争だ。一割は間違ってもいいから、スピードを上げようと頑張りたまえ。つれづれ草の裏には、このドリルをプリントの形で使ってくれた生徒さんの応援がのっている。みんな、このスピードに挑戦し、思いもしなかったほどスラスラできるようになった人たちだ。

　なぜ一割は間違えていいのかって？　それはかんたんだ。一題も間違えてはいかんぞなんていわれたら、プレッシャーで先へ進めなくなるから、それだけのこと。ついでに言っておくと、銅メダルコースを完全に身につけてから、銀メダルコースへ進もうなんて几帳面に考えることもない。いちおう、頻度や難易を考慮に入れて、金銀銅と3段階にしてあるが、食べられそうなものは、どんどん食べていこう。出る順だ、頻度順だと番号なんか付けると、いかにも客観的な感じを与えるが、そんなものは年度差も大学差もある。単語の覚える順番まで他人に指図される筋合いはない。**もっと自由に、君自身のこれは覚えられそうだという直感に従ったほうが、結果的にはるかに能率的なのよ。わかるかな？日本はこれでも広いんだ、わかる人もきっといるよね。**

Going for the Bronze

> ぼくもできた
> きみにもできる!

小林光男君

　今あなたはこの本をどのような状況で読んでいますか？　通学の電車の中かもしれませんね。本屋で立ち読みなんて人もいるでしょう（もしそうなら、是非この本を買うことをすすめます。これは掘り出しものです。あなたは実に運が良い）。

　この本の利用の仕方は人それぞれです。でも敢えて言わせていただくとすれば、無理をせず、自分のペースでやるということでしょうか。競馬になぞらえてかつぞー先生流に言うと「1コーナーを、断然のトップで回っても、ゴールでびりでは泣きだ。途中で棄権なんてことになったら、それこそ涙も出ない。いいかお前ら、焦るな、あきらめるな、途中でやめるな」となります。大好物の食物も毎日食べれば飽きてきます、嫌いな食物なら、毎日食べるのはなおさら辛い。好きな物というのは、適当な間隔を置いて食べるから美味しく感じるのですし、嫌いな食物も、少しずつ時間をかけて食べていけば、慣れてくる。この本のピーナツについて言えば、この間隔というのは人それぞれです。1分の人もいれば、1時間の人もいるでしょう。一番危ないのは、大好物だからといって、一度にたくさん食べ過ぎたり、嫌いだからといって全然食べなかったり、無理して食べようとすることでしょう。

　自分のペースでやるというのは、時として、他人に遅れをとるのではという焦りを伴います。でも、その焦りに耳を貸してはいけません。焦って、無理して、苦しくなって、途中で止めるというのが最悪のパターンなのです。それでは最高のパターンというのはどんなものなんでしょうか？　そうですね、ピーナツが御飯のような感じになるのかな。そうなると毎日飽きずに食べられるようになります。

51 Going for the Bronze

出しなさい。マッサージしてあげる

common
definite
demonstrate
ideal
inquire
instinct
intend
lack
mind
objective
possess
preservation
principal
purpose
spiritual
strength

501 精神的な 強さ 意志
spi....al str...th

502 強い意志を 持つ
po...ss a strong will

503 意志の力を 示す
dem......te willpower

504 探求 心
an inq...ing m..d

505 意志力に 欠ける
l..k willpower

506 勝つ つもりです
I in...d to win.

507 自己保存 の 本能 目的追究
an ins....t for self-pre......ion

508 はっきりした 目標
a def....e pu...se

509 主要な 目的
the pri....al ob.....ve

510 共通の 理想
a co...n id..l

51 Going for the Bronze

CD 52

501 **spiritual strength**
[spírit∫uəl] ◀ アク [stréŋkθ]

502 **possess a strong will**
[pəzés] ◀ 発音

503 **demonstrate willpower**
[démənstreit] ◀ アク [wílpauər]

504 **an inquiring mind**
[inkwáiəriŋ]

505 **lack willpower**
[lǽk]

506 **I intend to win.**
[inténd]

507 **an instinct for self-preservation**
[ínstiŋkt] ◀ アク [prezə:rvéi∫ən]

508 **a definite purpose**
[définit] ◀ アク [pə́:rpəs]

509 **the principal objective**
[prínsəpl] [əbdʒéktiv]

510 **a common ideal**
[kámən] [aidí:əl] ◀ アク

52 Going for the Bronze

単語力の半分は腕力です

bend
comfort
devote
enterprise
field
maintain
pioneer
principle
pursue
pursuit
seek
stick
strive
worthwhile

511 目的を 追求する
pur..e your goal

512 幸福の 追求
the pur...t of happiness

513 希望を 持ち続ける
mai....n hope

514 お金と 快適さ を 求める
s..k money and com...t

515 自分の 主義 を 守る
st..k to your pri....les

516 自分の 主義 を 曲げる
b..d your pri....les

517 やりがいの ある 事業
a wor.....le ent.....se

518 新 分野 を 開く　努力
pio...r a new f...d

519 成功しようと 頑張る
str..e for success

520 時間と金を 注ぎ込む
dev..e time and money

52 Going for the Bronze

CD 53

511 **pursue your goal**
[pərsjúː] [góul]

512 **the pursuit of happiness**
[pərsjúːt]

513 **maintain hope**
[meintéin]

514 **seek money and comfort**
[síːk] [kʌ́mfərt] ◀ アク

515 **stick to your principles**
[stík] [prínsəplz]

516 **bend your principles**
[bénd]

517 **a worthwhile enterprise**
[wə́ːrθhwáil] [éntərpraiz]

518 **pioneer a new field**
[paiəníər] [fíːld]

519 **strive for success**
[stráiv] [səksés]

520 **devote time and money**
[divóut]

53 Going for the Bronze

521	本物の 熱意	gen...e ent.....sm
522	血 と 汗 と 涙	bl..d, sw..t, and t..rs
523	意識的な 努力	con.....s ef...ts
524	創造的な 努力	a cre...ve end....r
525	真面目な 努力	an ear...t end....r
526	量 より 質	qu...ty before qu....ty
527	無理なこと を 試みる	at....t the imp.....le
528	障害 に 出会う	enc....er obs...les
529	即座の 解決策	an imm....te sol....n
530	状況 に 対処する	han..e the sit.....n

たまには居眠りも いいでしょう

attempt
blood
conscious
creative
earnest
effort
encounter
endeavor
enthusiasm
genuine
handle
immediate
impossible
obstacle
quality
quantity
situation
solution
sweat
tear

53 Going for the Bronze

521 **genuine enthusiasm**
[dʒénjuin] [inθjúːziæzm] ◀アク

522 **blood, sweat, and tears**
[blʌ́d] ◀発音　[swét] ◀発音　[tíərz] ◀発音

523 **conscious efforts**
[kánʃəs]　[éfərts]

524 **a creative endeavor**
[kriéitiv]　[indévər]

525 **an earnest endeavor**
[ə́ːrnist]

526 **quality before quantity**
[kwáləti]　[kwántəti]

527 **attempt the impossible**
[ətémpt]　[impásəbl]

528 **encounter obstacles**
[inkáuntər]　[ábstəklz]

529 **an immediate solution**
[imíːdiət] ◀アク　[səljúːʃən]

530 **handle the situation**
[hǽndl]　[sitʃuéiʃən]

54 Going for the Bronze

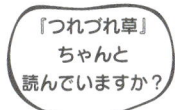

『つれづれ草』ちゃんと読んでいますか？

achievement
ambition
bear
conquer
difficulty
endure
fame
fear
fortune
grin
hardship
honor
idle
industry
lofty
overcome
tolerate
uncertainty

531 不安 に 打ち克つ
con...r your f..rs

532 困難 を 乗り越える
ove....e your dif......ies

533 安易で 怠惰(たいた) な生活
an easy, i..e life

534 能力と 勤勉さ
ability and ind....y

忍耐

535 不確かさ に 耐える
tol....e unc......ty

536 苦難 に 耐える
en...e har....ps

537 笑って 耐える
g..n and b..r it

538 高い 向上心
lo..y amb....ns

539 業績 を 讃(たた)える
ho..r her ach......nts

成功と失敗

540 名声 と 財産
f..e and for...e

135

54 Going for the Bronze

CD 55

531 **conquer your fears**
[kάŋkər]

532 **overcome your difficulties**
[ouvərkʌ́m]

533 **an easy, idle life**
[áidl]

534 **ability and industry**
[əbíləti]　　　[índəstri] ◀ アク

535 **tolerate uncertainty**
[tάləreit]　[ʌnsə́ːrtnti]

536 **endure hardships**
[indjúər]　[hάːrdʃips]

537 **grin and bear it**
[grín]　　　[béər]

538 **lofty ambitions**
[lɔ́(ά)fti]　[æmbíʃənz]

539 **honor her achievements**
[ά(ɔ́)nər] ◀ 発音　[ətʃíːvmənts]

540 **fame and fortune**
[féim]　　　[fɔ́ːrtʃən]

55 Going for the Bronze

覚悟を決めて出来るまでやるんや

absurd
accomplish
achieve
adventure
aim
anxiety
glory
hesitation
leap
luck
nerve
opportunity
path
quiet
seize
status
tension

541 幸運
good l..k

542 栄光 への 道
a p..h to gl..y

543 機会 を とらえる
se..e an opp......ty

544 ためらわ ずに
with no hes....ion

545 機会 に 飛びつく
l..p at the opp......ty

546 馬鹿げた 冒険
an ab...d adv....re

547 緊張 や 心配事
ten...ns and anx...ies

548 神経 を 鎮める
qu..t your n...es

549 社会的 地位 を 得る
ach...e social st...s

550 目的 を 達成する
acc.....sh your a..s

55 Going for the Bronze

CD 56

541 good luck
[lʌ́k]

542 a path to glory
[pǽθ] [glɔ́ːri]

543 seize an opportunity
[síːz] ◀発音 [ɑpərtjúːnəti] ◀アク

544 with no hesitation
[hezitéiʃən]

545 leap at the opportunity
[líːp]

546 an absurd adventure
[əbsə́ːrd] [ədvéntʃər]

547 tensions and anxieties
[ténʃənz] [æŋzáiətiz] ◀発音

548 quiet your nerves
[kwáiət] [nə́ːrvz]

549 achieve social status
[ətʃíːv] [stéitəs]

550 accomplish your aims
[əkʌ́mpliʃ] [éimz]

56 Going for the Bronze

こっそりと 独りで！ うん、それもいい

acquire
adapt
awaken
bear
despair
environment
face
failure
firsthand
knowledge
owe
reality
shame
success
thirst
wisdom

551	（努力などが）実を 結ぶ b..r fruit
552	成功 はあなたの おかげ I o.e my su....s to you.
553	失敗 と 恥辱(ちじょく) fai...e and sh..e
554	絶望 の人生 a life of des...r
555	知識 への 渇望(かつぼう)　　知識 a thi..t for kno....ge
556	知恵 を 身につける acq...e wis..m
557	現実 に 直面する f..e re...ty
558	現実 に 目覚める aw...n to re...ty
559	環境 に 適応する ad..t to your env......nt
560	直接の 経験 fir.....d experience

56 Going for the Bronze

CD 57

551 **bear fruit**
[béər]

552 **I owe my success to you.**
[óu]　　　　[səksés]

553 **failure and shame**
[féiljər]　　　　[ʃéim]

554 **a life of despair**
　　　　　　　[dispéər]

555 **a thirst for knowledge**
[θə́ːrst]　　　　[nálidʒ] ◀ 発音

556 **acquire wisdom**
[əkwáiər]　[wízdəm]

557 **face reality**
[féis]　[riːǽləti]

558 **awaken to reality**
[əwéikn]

559 **adapt to your environment**
[ədǽpt]　　　　　[inváiərənment] ◀ アク

560 **firsthand experience**
[fə́ːsthǽnd]　　[ikspíəriens]

57 Going for the Bronze

夏は盆踊りで『ピー単音頭』

actual
basic
bounds
broaden
faculty
fancy
grasp
horizon
imagination
intellectual
mental
outline
sake
stretch
vigor
wild

561 実際の 経験
ac...l experience

562 視野 を 広げる
bro...n your hor...ns

563 想像力 を 伸ばす
str...h your ima.....ion

564 想像力 の 限界
the bo..ds of ima.....ion

565 突拍子もない 空想
a w..d fa..y

566 基本的な 理解
ba..c understanding

567 概略 を 把握する
gr..p the out...e

568 芸術のため の 芸術
art for art's s..e

569 精神的な 諸 能力
me...l fac...ies

570 知的 活力
int.......al vi..r

57 Going for the Bronze

CD 58

561 actual experience
[ǽktʃuəl]

562 broaden your horizons
[brɔ́:dn]　　　　　　[həráiznz] ◀発音

563 stretch your imagination
[strétʃ]　　　　　[imædʒinéiʃən]

564 the bounds of imagination
[báundz]

565 a wild fancy
[wáild]　[fǽnsi]

566 basic understanding
[béisik]

567 grasp the outline
[grǽsp]　　　　[áutlain]

568 art for art's sake
[á:rt]　　　　　[séik]

569 mental faculties
[fǽkəltiz]

570 intellectual vigor
[intəléktʃuəl] ◀アク　[vígər]

58 Going for the Bronze

春はみんなで
合格して
『ピー単音頭』

arrangement
childhood
disappear
inferior
intellect
memory
object
option
original
previous
recall
remind
suggest
superior
vivid

571 独創的な 思想家
an ori....l thinker

572 知的に優れた人
a su...ior int....ct

573 知的に劣った人
an in...ior int....ct

574 消えて見えなくなる 〔記憶〕
dis.....r from view

575 子供時代 を 思い出す
re...l her child...d

576 鮮やかな 記憶
a vi..d me...y

577 ああ、それで 思い出した
Oh, that re...ds me.

578 前もっての 手筈 〔計画〕
a pre....s arr.....ent

579 計画に 反対する
ob...t to the plan

580 別の 選択 を 勧める
sug...t another op...n

58 Going for the Bronze

CD 59

571 **an original thinker**
[ərídʒənl] ◀アク

572 **a superior intellect**
[sjuːpíəriər] [íntəlekt] ◀アク

573 **an inferior intellect**
[infíəriər]

574 **disappear from view**
[disəpíər] [vjúː]

575 **recall her childhood**
[rikɔ́ːl]

576 **a vivid memory**
[vívid] [méməri]

577 **Oh, that reminds me.**
[rimáindz]

578 **a previous arrangement**
[príːviəs] ◀発音 [əréindʒmənt]

579 **object to the plan**
[əbdʒékt] ◀アク

580 **suggest another option**
[sədʒést] [ápʃən]

59 Going for the Bronze

今日も元気でいきましょう

581 打つ手 が なくなる
exh...t your op...ns

582 有益な 提案
a us...l sug......n

583 検討に 値する 提案
a pro....l wo..h studying

584 長所 と 短所
adv....ges and dis.......ges

585 議論 に 参加する
par.....ate in a dis......n
議論

586 白熱した 話合い
a hea..d dis......n

587 彼を 議論 に 引き込む
en...e him in de..te

588 活発な 討論
an ac...e de..te

589 真剣な 議論
a ser...s arg....t

590 筋の通った 議論
a log...l arg....t

active
advantage
argument
debate
disadvantage
discussion
engage
exhaust
heated
logical
option
participate
proposal
serious
suggestion
useful
worth

59 Going for the Bronze

CD 60

581 exhaust your options
[igzɔ́:st] ◀ 発音　　　[ápʃənz]

582 a useful suggestion
[júːsfl]　　　[sədʒéstʃən]

583 a proposal worth studying
[prəpóuzl]　　　[wə́ːrθ] ◀ 発音

584 advantages and disadvantages
[ədvǽntidʒiz]　　　[disədvǽntidʒiz]

585 participate in a discussion
[paːrtísipeit] ◀ アク　　　[diskʌ́ʃən]

586 a heated discussion
[híːtid]

587 engage him in debate
[ingéidʒ]　　　[dibéit]

588 an active debate
[ǽktiv]

589 a serious argument
[síəriəs]　　　[ɑ́ːrgjumənt]

590 a logical argument
[lɑ́dʒikl]

60 Going for the Bronze

調子がよいときゃ もう一押し

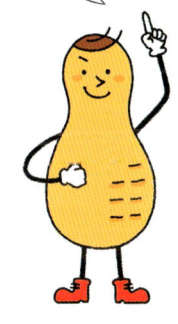

action
approach
bold
conflict
differ
different
insist
interest
mistaken
opinion
opposing
radical
silly
view
viewpoint
urge

591 馬鹿げた 議論
a si..y argument

592 間違った 考え
a mis....n idea

593 大胆な 考え
a b..d idea

594 過激な 意見
a rad...l opi...n

595 二つの 対立する 見解
two opp....g vi..s

596 いろいろな 見方
dif....nt vie....nts

597 この点で 意見が違う
They dif..r on this point.

598 利害 の 対立
con....t of int....t

599 ある やり方 に こだわる
in...t on an ap....ch

600 ある 行動 を 促す
u..e a course of ac...n

60 Going for the Bronze

CD 61

591 **a silly argument**
[síli] [á:rgjumənt]

592 **a mistaken idea**
[mistéikn] [aidí:ə]

593 **a bold idea**
[bóuld] ◀発音

594 **a radical opinion**
[rǽdikl] [əpínjən]

595 **two opposing views**
[əpóuziŋ] [vjú:z]

596 **different viewpoints**
[dífərənt] [vjú:pɔints]

597 **They differ on this point.**
[dífər] ◀アク

598 **conflict of interest**
[kánflikt] ◀アク [íntərist] ◀アク

599 **insist on an approach**
[insíst] [əpróutʃ]

600 **urge a course of action**
[ə́:rdʒ] [kɔ́:rs] [ǽkʃən]

Going for the Bronze

100個 一気食いへの挑戦！

挑戦日	所要時間	正答数
1 　年　月　日	分　　秒	/100
2 　年　月　日	分　　秒	/100
3 　年　月　日	分　　秒	/100
4 　年　月　日	分　　秒	/100
5 　年　月　日	分　　秒	/100
6 　年　月　日	分　　秒	/100
7 　年　月　日	分　　秒	/100
8 　年　月　日	分　　秒	/100
9 　年　月　日	分　　秒	/100
10 　年　月　日	分　　秒	/100

繰り返しは無限の喜びである

英単語つれづれ草

6.「一方通行ではありません」の巻

　はじめは指示どおりに、日本語⇨英語でドリルを進めたが、そのうちに気分転換に英語だけ読みたくなる人もでてくるでしょう。どうぞ自由におやりください。ただその場合、**厳密に日本語の訳を思い出そうとしなくていい。それをやるとかえって害になる。**heavy rainとあったら、「激しい雨」でも、「ひどい雨」でも「すごい雨」でも「大雨」でも正解とする余裕を持ちたまえ。要するに、私の訳語にこだわらなくていい。日本語が一切頭に浮かばず、それなりのイメージだけが感じられたなんてなったら、もう最高だ。試験の時には、下線部を日本語に訳せ、なんて問題が実際に出るのに、日本語の訳語を覚えておかなくて大丈夫だろうかなどというのは余計な心配だ。考えてもみたまえ、英語のイメージを正しく理解していて、それが日本語にならないなんてことは、あまりあることではない。だって、日本人だろ、日本語はできる（はずだ）。だから、英語をみてイメージがわかれば、かなりの程度まで、自分がとらえたイメージを日本語で表現できる（はずだ）。受験生レベルで日本語に訳せないのは、その単語をみてもただの文字の並びで、何のイメージも浮かばない、これがほとんどだ。おたがい覚えがありますね。

　次に、表紙について一言。表紙を日本語と英語の2つにしたのは、どちらからやってもいいよ、「一方通行ではありません」という私の意思表示だ。英語のタイトルを訳したのはジャパン・リサーチのUlemanさんという、日本の企業や官庁の書類の英訳を専門にしているアメリカ人の方だ。この本と同じ南雲堂から出版されている『添削式・クニヒロの入試の英作36景』という本を知っている人ならご存じかもしれない。ウレマンさんは、学研の『日本タテヨコ』という日本紹介の英訳を担当している。彼はその本

Going for the Bronze

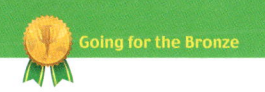

の題名を*Japan As It Is*と訳した。それを目にした瞬間、私は「この人に英単語ピーナツのタイトルを訳してもらおう」と決心。36景の著者の國弘先生に頼み込んで、紹介していただき、念願がかなったというわけ。

　そうそう、表紙のソデにのせてある歌についても話しておいたほうがいいよね。

　各コース2曲ずつのせておいたが、これもごらんのように、私の作詞ではない。36景の企画構成を担当している駿台予備学校の川村徹さんにお願いして作ってもらった。國弘先生にお会いしたとき、たまたま、川村さんを紹介していただいた。彼とは同業者のよしみで、すぐに意気投合した。あるとき趣味をたずねると「下手な作詞です」という。その場で、毎年予備校の最終講義で一回だけ歌うという「駿台受験坂」を披露してくれた。それを聞いた瞬間、「英単語ピーナツにも歌をつけよう、この人に頼もう」と私は決心した。そこで、多少おっかなびっくり「作詞料はどれくらいでやってもらえますか」とたずねた。

　「実は作詞の依頼はあなたがはじめてなんです。縁起がいいから無料にしたいんですが、それだと清水さんが恐縮するでしょう。もし本が売れたら、銀座のクラブで一度飲ませて下さるということでどうですか？」という。私は大喜びで承知した。彼はそれにつけくわえて「仮に新曲を作っても、読者のみなさんが覚えて歌ってくれるには、楽譜だけでなく、歌手もレコードも必要になる。それでは大変でしょう。そこで歌いたい人はそれぞれ自由に自分の好きな曲に合わせて歌ってもらってはどうでしょうか」と提案した。こちらのふところ具合もよくご承知である。これには一も二もなく賛成した。そこで、みなさんが歌うときは、おおいに勝手にやってくださいね。

Going for the Bronze

> わたしもできた
> あなたにもできる!

中村尚美さん

　私にとって単語を覚えるというのは実に不愉快なものでした。なにしろ数が多い。怠け者の私はつい「めんどうだなあー」とか言いながら、先に延ばしてしまうのです。心機一転、新しい単語集を買ってきて、「単語集の使い方」のところを読むとうまいことが書いてあって、読んでいるうちは納得するけど、いざやってみるとこれがなかなか出来ない。でもやらねばならぬ、と悲愴感にひたりながら単語と格闘していたとき、かつぞー先生のプリントに出会ったのでした。

　では気づいたことをいくつか書きます。まずスピード。あまりゆっくりやっていると最初の方なんかすっかり忘れてしまいます。のろすぎると、せっかく繰り返しても初めてやるのと同じ感じで、時間の無駄です。私は１週間でひととおりやる位のペースでした。一度火を付けたら、途中で消さないであるレベルまではどんどんやるのです。そのためには繰り返しが大切。２、３回ですべて覚えられれば誰も苦労はしません。プロ野球の選手だって毎日基礎練習をしています。単語も同じです。

　それから、模擬試験などで、たった一つの単語がわからなかったために下線部訳で大きく減点なんて経験をしたことがありませんか？　そんなときは悔しさが消えないうちに索引を利用して反復しておくと、なぜか不思議にその単語に愛着を感じて忘れません。

　もうひとつ、連語（コロケーション）の単語集なんて妙だし、面倒だと感じている人がいるかもしれません。断言します。連語は効きます。長文をいくつも読めば、多少は違っていても似たようなものがたくさんあることに気づくはずです。つまり、長文を読む上でちゃんと役にたっているのです。

61 Going for the Bronze

調子が悪い時もそれなりに

601	あらゆる 角度 から 判断	from all an..es
602	すべての 要因 を 考慮する	we..h all the fa...rs
603	世界的な 視点	a gl...l per......ve
604	〜と私は 結論づけた	I con...ded that 〜
605	わかりきった 結論	the obv...s con....ion
606	彼女の 判断 を 信頼する	tr..t her jud....t
607	彼女の 同意 を 待つ	aw..t her app....l
608	価値 判断	a va..e jud....t
609	冗談だと みなす	re...d it as a joke
610	否定的な 反応 否定	neg....e rea....ns

angle
approval
await
conclude
conclusion
factor
global
judgment
negative
obvious
perspective
reaction
regard
trust
value
wcigh

61 Going for the Bronze

601 from all angles [ǽŋglz]

602 weigh all the factors [wéi] ◀発音 [fǽktərz]

603 a global perspective [glóubl] [pərspéktiv]

604 I concluded that 〜 [kənklú:did]

605 the obvious conclusion [ábviəs] ◀アク [kənklú:ʒən]

606 trust her judgment [trʌ́st] [dʒʌ́dʒmənt]

607 await her approval [əwéit] [əprú:vl]

608 a value judgment [vǽlju:]

609 regard it as a joke [rigá:rd]

610 negative reactions [négətiv] [ri:ǽkʃənz]

62 Going for the Bronze

明日ではない、いまここでワンペアー

attitude
authority
criticize
deny
despise
fact
government
ignore
pity
polite
positive
refusal
refuse
request
resist
temptation
yield

611 前向きな 態度
a pos....e at....de

612 事実 を 否定する 〔拒絶〕
d..y the f..ts

613 要望 を 無視する
ig...e the req...t

614 依頼 を 拒絶する
re...e the req...t

615 丁寧な 断わり
a po..te ref...l

616 〜とは 残念
It is a p..y that 〜

617 誘惑 に 負けない
re...t the tem......n

618 誘惑 に 負ける
yi..d to tem......n

619 権威 を 軽蔑する 〔批判〕
des...e aut....ty

620 政府 を 批判する
cri....ze the gov......t

62 Going for the Bronze

CD 63

611 a positive attitude
[pázətiv] [ǽtitjuːd]

612 deny the facts
[dinái] [fǽkts]

613 ignore the request
[ignɔ́ːr] [rikwést]

614 refuse the request
[rifjúːz]

615 a polite refusal
[pəláit] [rifjúːzl]

616 It is a pity that ～
[píti]

617 resist the temptation
[rizíst] [temptéiʃən]

618 yield to temptation
[jíːld]

619 despise authority
[dispáiz] [əθɑ́rəti] ◀ アク

620 criticize the government
[krítisaiz] [gʌ́vərnmənt]

63 Going for the Bronze

疲れたら、首を回して、あくびをするの

accuse
constructive
criticism
distrust
emotion
expression
facial
favorable
impression
laziness
mixed
motive
rejoice
suspect
suspicion
suspicious
target

621 批判の的(まと)
the ta...t of cri....sm

622 建設的な批判
con......ive cri....sm

623 怠慢(たいまん)を責める
ac...e him of la....ss

624 疑いの眼差(まなざ)し
a sus.....us look

625 彼の動機を怪(あや)しむ
sus...t his mo...es

626 不信や疑い
dis....t and sus.....n

627 顔の表情 — 感情
fa...l exp......ns

628 好ましい印象
a fav....le imp......n

629 複雑な想い
mi..d em....ns

630 吉報に喜ぶ
rej...e at the good news

63 Going for the Bronze

CD 64

621 the target of criticism
[tá:rgit] [krítisizm] ◀ アク

622 constructive criticism
[kənstrʌ́ktiv]

623 accuse him of laziness
[əkjú:z] [léizinis]

624 a suspicious look
[səspíʃəs]

625 suspect his motives
[səspékt] [móutivz]

626 distrust and suspicion
[distrʌ́st] [səspíʃən]

627 facial expressions
[féiʃəl] [ikspréʃənz]

628 a favorable impression
[féivərəbl] [impréʃən]

629 mixed emotions
[míkst] [imóuʃənz]

630 rejoice at the good news
[ridʒɔ́is]

64 Going for the Bronze

お茶でも飲んで気分転換

affection
curiosity
delight
dislike
exclaim
grief
grieve
hate
interest
loneliness
object
stimulate
taste
tremble
weep

631 喜び で ふるえる
tre..le with del...t

632 嬉し くて 叫ぶ
exc...m with del...t

633 嬉し 泣き する
w..p for joy

634 寂しさ と 悲しみ
lon.....ss and gr..f

635 大きな損害に 悲嘆に暮れる
gr...e over the great loss

636 趣味 や 興味
ta...s and in.....ts

637 好奇心 を 刺激する
sti....te his cur....ty

638 好き 嫌い
likes and dis...es

639 愛と 憎しみ
love and h..e

640 愛情 の 対象
the ob...t of my aff.....ns

64 Going for the Bronze

CD 65

631 **tremble with delight**
[trémbl]　　　　　　　[diláit]

632 **exclaim with delight**
[ikskléim]

633 **weep for joy**
[wíːp]

634 **loneliness and grief**
[lóunlinis]　　　　　　[gríːf]

635 **grieve over the great loss**
[gríːv]

636 **tastes and interests**
[téists]　　　　　[íntərists] ◀ アク

637 **stimulate his curiosity**
[stímjəleit]　　　　　[kjuəriásəti] ◀ アク

638 **likes and dislikes**
　　　　　　　　[díslaiks]

639 **love and hate**
　　　　　　　[héit]

640 **the object of my affections**
　　　　　　[ábdʒikt] ◀ アク　　[əfékʃənz]

65 Going for the Bronze

本が薄く感じられたら良い兆候

#	日本語	英語
641	不快感 を 隠す	con...l your dis...t
642	破壊的 衝動	des.....ive imp...es
643	怒り で 爆発する	exp...e in an..r
644	カンシャクを起こす	lose your te...r
645	彼女を イライラさせる	up..t her
646	驚くべき事実	an ama...g fact
647	びっくりするような 意見	an ast......ng re...k
648	大変な 勇気 が いる	req...e tre.....us co...ge
649	勇気 を 讃(たた)える	ad...e her co...ge
650	勇気ある行動 を 示す	exh...t bra...y

admire
amazing
anger
astonishing
bravery
conceal
courage
destructive
disgust
exhibit
explode
impulse
remark
require
temper
tremendous
upset

65 Going for the Bronze

641 conceal your disgust
[kənsíːl] [disgʌ́st]

642 destructive impulses
[distrʌ́ktiv] [ímpʌlsiz]

643 explode in anger
[iksplóud] [ǽŋgər]

644 lose your temper
[lúːz] [témpər]

645 upset her
[ʌpsét] ◀ アク

646 an amazing fact
[əméiziŋ]

647 an astonishing remark
[əstániʃiŋ] [rimáːrk]

648 require tremendous courage
[rikwáiər] [triméndəs] [kə́ːridʒ] ◀ 発音

649 admire her courage
[ədmáiər]

650 exhibit bravery
[igzíbit] ◀ 発音 [bréivəri]

66 Going for the Bronze

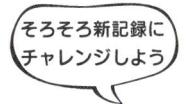

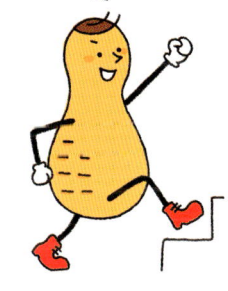

そろそろ新記録に
チャレンジしよう

confidence
consideration
conviction
emotional
envy
faithful
firm
generous
greed
inspire
loyal
release
servant
shy
spirit
support
sympathize

651 彼に 同情する
sym.....ze with him

652 他人への 配慮
con.......ion for others

653 恥ずかし がってはダメ
Don't be s.y.

654 気持の 発散
emo.....l rel...e

655 誠実な 支援
lo..l sup...t

656 忠実な 召使
a fai....l ser...t

657 ゆるがぬ 確信
a f..m con....ion

658 自信 を 起こさせる
ins...e con.....ce

659 貪欲 と 羨望
gr..d and e..y

660 寛大な 精神
a gen....s sp...t

66 Going for the Bronze

CD 67

651 **sympathize with him**
[símpəθaiz]

652 **consideration for others**
[kənsidəréiʃən]

653 **Don't be shy.**
[ʃái]

654 **emotional release**
[imóuʃənl]　[rilíːs]

655 **loyal support**
[lɔ́iəl]　[səpɔ́ːrt]

656 **a faithful servant**
[féiθfl]　[sə́ːrvənt]

657 **a firm conviction**
[fə́ːrm]　[kənvíkʃən]

658 **inspire confidence**
[inspáiər]　[kánfidəns]

659 **greed and envy**
[gríːd]　[énvi]

660 **a generous spirit**
[dʒénərəs]

67 Going for the Bronze

すごい、スピードですね

661 年上 に対する 尊敬
res...t for your el..rs

662 友人を 責める
bl..e your friends

663 心からの 謝罪
a sin...e ap...gy

664 許して 忘れる（水に流す）
for...e and for..t

665 ユーモア 感覚
a se..e of hu..r

666 どっと笑いだす
bu..t into lau...er

667 感謝の 表情
a gra....l look

668 100%の 満足
com...te sat......ion

669 ゆったりした 雰囲気
a rel...d atm.....re

670 針と糸 （衣服）
a ne..le and th...d

apology
atmosphere
blame
burst
complete
elder
forget
forgive
grateful
humor
laughter
needle
relaxed
respect
satisfaction
sense
sincere
thread

67 Going for the Bronze

661 respect for your elders
[rispékt] [éldərz]

662 blame your friends
[bléim]

663 a sincere apology
[sinsíər] [əpálədʒi]

664 forgive and forget
[fərgív] [fərgét]

665 a sense of humor
[hjúːmər]

666 burst into laughter
[bə́ːrst] [lǽftər]

667 a grateful look
[gréitfl]

668 complete satisfaction
[kəmplíːt] [sæ̀tisfǽkʃən]

669 a relaxed atmosphere
[rilǽkst] [ǽtməsfìər] ◀ アク

670 a needle and thread
[níːdl] [θréd]

68 Going for the Bronze

2時間もあれば一冊出来るハズ

671	**ボタン を 付ける** s.w a bu...n on
672	**ゆったりめの セーター** a lo..e sw...er
673	**ピチピチの ジーパン** ti..t-fi..ing jeans
674	**感じの良い 身なり** a pl.....g app.....ce
675	**きちんとした 身なり** a t..y app.....ce
676	**毛皮の コート** a f.r c..t
677	**ポケットを 探る** se...h your pockets
678	**革の 財布** a le...er wa...t
679	**洗濯 をする** do the la...ry
680	**食物と 寝る所** food and sh...er (住居)

appearance
button
coat
fitting
fur
laundry
leather
loose
pleasing
search
sew
shelter
sweater
tidy
tight
wallet

68 Going for the Bronze

CD 69

671 sew a button on
[sóu] ◀発音 [bʌ́tn]

672 a loose sweater
[lúːs] [swétər]

673 tight-fitting jeans
[táit]

674 a pleasing appearance
[plíːziŋ] [əpíərəns]

675 a tidy appearance
[táidi]

676 a fur coat
[fə́ːr] [kóut] ◀発音

677 search your pockets
[sə́ːrtʃ]

678 a leather wallet
[léðər] [wálit]

679 do the laundry
[lɔ́ːndri] ◀発音

680 food and shelter
[fúːd] [ʃéltər]

69 Going for the Bronze

満点だって、おめでとう！

681	ちっぽけな 小屋 a t..y h.t
682	丸太 小屋 a l.g ca..n
683	近代 建築 mo..rn arc......ure
684	建設 現場 a cons.....ion s..e
685	腕のいい 大工 a ski....l car....er
686	近所の 公園 a nei......ood park
687	庭師 を 雇う em...y a gar....r
688	庭の 草取りをする w..d the garden
689	芝生 を 刈る m.w the l..n
690	アパートを 借りる r..t an apartment

architecture
cabin
carpenter
construction
employ
gardener
hut
lawn
log
modern
mow
neighborhood
rent
site
skillful
tiny
weed

69 Going for the Bronze

CD 70

681 **a tiny hut**
[táini] [hʌ́t]

682 **a log cabin**
[lɔ́:g] [kǽbin]

683 **modern architecture**
[mádərn] ◀アク [á:rkitektʃər] ◀発音

684 **a construction site**
[kənstrʌ́kʃən] [sáit]

685 **a skillful carpenter**
[skílfl] [ká:rpəntər]

686 **a neighborhood park**
[néibərhud]

687 **employ a gardener**
[implɔ́i] [gá:rdnər]

688 **weed the garden**
[wí:d]

689 **mow the lawn**
[móu] [lɔ́:n]

690 **rent an apartment**
[rént] [əpá:rtmənt]

70 Going for the Bronze

待て未成年、乾杯のビールは私が飲む

appliance
convenient
decorate
device
dish
electric
electricity
furnish
garbage
inconvenient
labor
location
lot
pile
save
stack
vacant
waste

691 不便な 場所
an inc......ent lo...ion

692 部屋を 飾る
dec...te the room

693 部屋に 家具を入れる
fur...h the room

694 電気 器具
ele....c app.....es

695 便利な 道具
a con.....nt de...e

696 手間がはぶける 道具
a la..r-s..ing de...e

697 電気 の 無駄使い
a w..te of ele......ty

698 空き 地
a va...t l.t

699 ゴミ の 山
a p..e of ga...ge

700 (台所の) 皿 の 山
a s...k of di..es

70 Going for the Bronze

CD 71

691 an inconvenient location
[inkənvíːnjənt] [loukéiʃən]

692 decorate the room
[dékəreit] ◀ ア ク

693 furnish the room
[fə́ːrniʃ]

694 electric appliances
[iléktrik] [əpláiənsiz]

695 a convenient device
[kənvíːnjənt] [diváis]

696 a labor-saving device
[léibər] [séiviŋ]

697 a waste of electricity
[wéist] [ilektrísəti] ◀ ア ク

698 a vacant lot
[véikənt] [lát]

699 a pile of garbage
[páil] [gáːrbidʒ]

700 a stack of dishes
[sték] [díʃiz]

Going for the Bronze

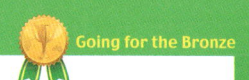

100個 一気食いへの挑戦！

	挑戦日			所要時間		正答数
1	年	月	日	分	秒	/100
2	年	月	日	分	秒	/100
3	年	月	日	分	秒	/100
4	年	月	日	分	秒	/100
5	年	月	日	分	秒	/100
6	年	月	日	分	秒	/100
7	年	月	日	分	秒	/100
8	年	月	日	分	秒	/100
9	年	月	日	分	秒	/100
10	年	月	日	分	秒	/100

繰り返しは無限の喜びである

英単語つれづれ草

7.「知的も過ぎると気分が滅入る」の巻

「先生、ちょっと相談したいんですが」
「わかってる、わかってる。君の聞きたいことは」
「でも、まだ何も話していませんよ」
「じゃ、当ててみようか。語源で単語を覚える方法についてだろう？」
「ああ、当たった。当たり、大当たりですよ」

直感力よ、インスピレーションよと、自慢げに答えようとしたが、止めといた。教室で一番前に座るこの生徒が、語源で覚える単語集をいつも机の上に置いていたので、私は「続くかな」と内心少し心配しながら、眺めていた。私の不安に感応したわけでもあるまいが、その彼が相談にきたというわけだ。

正直なところを言うと、私は語源を勉強して単語を増やしたという実感がほとんどない。接頭語や接尾語の知識のほとんどは、多くの単語のスペルを覚えていくうちに自然に、難しく言えば帰納的に身につけた。un, in, non, disが否定の意味だとか、語尾にment, tionが付けば名詞になるくらいなら、べつに教えてもらわなくても、誰でも自分で気がつくでしょう。

何冊か、語源で単語力を伸ばすという類の本もやってみたが、いつも途中で挫折した。どうも語源は、気になるものだけ辞典を引くというのが私の性に合っているらしい。

ところで、大学入試用の単語集には語源でアプローチという本が何割か占める。性格的に合う人もいるらしい。ところが「絶対語源だ！これが一番だ！これ以外にない」と言われると、私の反発心がむらむらと目を覚まし「どうですかね、本当に英単語を最初から語源で覚えたの？ ひょっとしたら5千語位、シコシコ地

Going for the Bronze

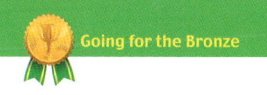

道に覚えてから語源に目覚めたんじゃないんですか？」といじわるな質問をしたくなる。もしそうだとしたら、ズルイよね。受験生にはその5千語が問題なんだから。

ところが数年前に、その辺の事情を納得できるように説明してくれた本に出会った。『語源中心英単語辞典』（南雲堂）という本で、著者の田代正雄氏が、次のように書いている。2箇所だけ引用させていただく。

「英語学習者たる以上、とにかく基本になる2000語を完全に覚えよう。これは理屈ぬきである」…中略…「語彙力の核となるべき既習語の再確認と潜在性語彙力の強化拡充には、語源を中心とする研究こそ、もっとも科学的かつ能率的学習法であると信じるのである」（一部、文脈整理のため言葉を変更）

これくらい正直に書いてもらうと私にもよくわかる。「既習語の再確認」という部分を抜かしていないですね。言い換えると「自分がすでに知っている単語を語源的な面から考え直すと理解が深くなりますよ。そして、その深まった理解力は新しい単語を覚えるときの力になりますよ」となる。ふつう語源単語集はこの辺の事情にほうかむりして、最初から、新しい単語を語源的にスイスイ覚えられるようなことをいう。田代氏の本は索引がしっかりしていて、使いやすいので、語源に興味を持つ受験生がいるとすすめてきた。さて、私個人はどうか、**一語一語、語源で分析的に覚えていこうとすると、気分が滅入るのである。知的すぎるのだ。私にはあるていど腕力とイメージに訴えるやり方が合ってい**るらしい。そこでまとめの言葉。

「スポーツのウェイトトレーニングと同じく、単語力増強のどの段階においても、何回も発音して、書いてみるという、腕力に訴える部分を残しておいたほうがよいと私は信じている」

ぼくもできた
きみにもできる！

Going for the Bronze

諸橋哲哉君

　僕が本気になって英単語を覚え始めたのは夏が終わってからだった。かつぞー先生から最初にもらった動詞のプリントを２週間で一通りやり終え、あとは覚えられなかった単語をチェックしてその単語だけを集中的にドリルして一ヵ月後にはほぼ90％の動詞を脳裏に刻み込んだ。そうです、脳裏に刻み込むというのがミソなのです。英単語一つに日本語訳を一つくっつけて覚えるという従来の単語集のやり方だと、時間がたてば忘れてしまいます。覚える数が数百、数千語となってくると限られた時間と記憶力の中ではとうてい不可能です。そういった問題をどうするかということで登場したのがこの『英単語ピーナツ』です。日本語を見てそれにあたる英語の連語を思い出そうとする、このドリルを繰り返しやると、単語がペアーで無理なく頭に吸い込まれていくから不思議です。もちろんこれまでにも連語の単語集はあることはありました。しかし、それらは単語集の主流にはなれませんでした。それについてかつぞー先生は「着想はいいんだが製品としては不十分なんだ」なんて言っていました。その点この『英単語ピーナツ』は製品としての使いよさという点に、配慮が行き届いています。それはみなさんにもよくわかるでしょう。

　後日談ですが、受験が終わり、大学に入って１年後に英字新聞に挑戦することにしました。１年以上ブランクがあるにもかかわらず、浪人中に覚えた単語が頭の中に残っており、記事を読んだ瞬間に、日本語訳ではなく、その文章、単語のイメージが浮かび上がりました。英字新聞を読み始めて２ヵ月たった今では、三面記事程度ならかたっぱしから読めるまでに上達したのです。ですから『英単語ピーナツ』がその場だけの丸暗記ではないことがよくわかると思います。決して楽ではありませんが、努力した分だけ、能率よく確実に単語力がつきます。僕が保証します。

71 Going for the Bronze

なに、もう一回やるって？

add
bean
delicious
expensive
movement
pour
remove
ripe
spice
spill
stain
telescope
universe
vast

701	コーヒー 豆	食物
	coffee b..ns	

702	コーヒーを こぼす
	sp..l coffee

703	しみ を 取り除く
	re..ve a st..n

704	お茶を 注ぐ
	p..r tea

705	熟れた トマト
	a r..e tomato

706	おいしい 食事
	a del.....s meal

707	香辛料 を 加える
	a.d some sp..e

708	高価な 望遠鏡	宇宙
	an exp....ve tel....pe	

709	星の 動き
	the stars' mov....ts

710	広大な 宇宙
	the v..t uni...se

71 Going for the Bronze

CD 72

701 coffee beans
[bí:nz]

702 spill coffee
[spíl]

703 remove a stain
[rimú:v] [stéin]

704 pour tea
[pɔ́:r]

705 a ripe tomato
[ráip] [təméitou]

706 a delicious meal
[dilíʃəs] ◀ アク

707 add some spice
[ǽd] [spáis]

708 an expensive telescope
[ikspénsiv] [téləskoup]

709 the stars' movements
[mú:vmənts]

710 the vast universe
[vǽst] [jú:nivə:rs] ◀ アク

72 Going for the Bronze

反復が単調だなんて、嘘ですよ

711 膨張する 宇宙
the exp...ing uni...se

712 宇宙 を 支配する
gov..n the uni...se

713 宇宙 を 探検する
exp...e the uni...se

714 宇宙の 征服
the con....t of space

715 女性 宇宙飛行士
a fem..e ast.....t

716 われわれの 惑星（地球）
our own pl...t

717 UFOの 存在
the exi....ce of UFOs

718 自然 環境 を 守る （自然）
pre...ve the natural envi.....nt

719 温室 効果
the gre....use ef...t

720 自然のバランスを 崩す
dis...b the balance of nature

astronaut
conquest
disturb
effect
environment
existence
expand
explore
female
govern
greenhouse
planet
preserve
universe

72 Going for the Bronze

CD 73

711 the expanding universe
[ikspǽndiŋ] [júːnivəːrs] ◀アク

712 govern the universe
[gʌ́vərn]

713 explore the universe
[ikspló:r]

714 the conquest of space
[kánkwest]

715 a female astronaut
[fíːmeil] [ǽstrənɔːt]

716 our own planet
[plǽnit]

717 the existence of UFOs
[igzístəns]

718 preserve the natural environment
[prizə́ːrv] [inváiərənmənt] ◀アク

719 the greenhouse effect
[gríːnhaus] [ifékt]

720 disturb the balance of nature
[distə́ːrb] [bǽləns] ◀アク [néitʃər]

73 Going for the Bronze

飽きない工夫はいくらでもある

721	環境 を 破壊する
	des...y the env.....ent

722	大地震が 起こる
	A big earthquake will oc..r.

723	洪水 や 干ばつ
	fl..ds and dro...ts

724	飢饉 を 引き起こす
	ca..e a fa...e

725	険しい 山
	a st..p mountain

726	崖 っ ぷち
	the e..e of the cl..f

727	地球の 大気
	the earth's atm.....re

728	南極 大陸
	the Ant.....c con.....t

729	探検隊 を 組織する
	org...ze an exp......n

730	北極 海
	the Ar..ic Oc..n

海洋

antarctic
arctic
atmosphere
cause
cliff
continent
destroy
drought
edge
environment
expedition
famine
flood
occur
ocean
organize
steep

73 Going for the Bronze

CD 74

721 destroy the environment
[distrói] [-[INVáiərənmənt] ◀アク

722 A big earthquake will occur.
[ə́ːrθkweik] [əkə́ːr] ◀アク

723 floods and droughts
[flʌ́dz] ◀発音 [dráuts] ◀発音

724 cause a famine
[kɔ́ːz] [fǽmin]

725 a steep mountain
[stíːp]

726 the edge of the cliff
[édʒ] [klíf]

727 the earth's atmosphere
[ǽtməsfiər] ◀アク

728 the Antarctic continent
[æntáːrktik] [kάntinənt]

729 organize an expedition
[ɔ́ːrɡənaiz] [ekspədíʃən]

730 the Arctic Ocean
[άːrktik] [óuʃən]

74 Going for the Bronze

銀メダルコース、もうやっていますか

calm
climate
current
harmful
marine
maximum
mild
minimum
rainfall
ray
roof
sunbathe
surface
thermometer
tidal
ultraviolet
weather

731	海洋 生物 ma...e life
732	海の 表面 the sur...e of the sea
733	潮の 流れ a ti..l cur...t
734	穏やかな 天気　　天候 c..m wea...r
735	温暖な 気候 a m..d cl...te
736	屋上 で 日光浴をする sun...he on the r..f
737	有害な 紫外線 har...l ult.....let r.ys
738	寒暖計 の目盛を読む read the ther.....er
739	最大 雨量 the max...m rain...l
740	最小 雨量 the min...m rain...l

74 Going for the Bronze

CD 75

731 **marine life**
[mərí:n]

732 **the surface of the sea**
[sə́:rfis] ◀発音

733 **a tidal current**
[táidl] [kə́:rənt]

734 **calm weather**
[ká:m] ◀発音 [wéðər]

735 **a mild climate**
[máild] [kláimit] ◀発音

736 **sunbathe on the roof**
[sʌ́nbeið] [rú:f]

737 **harmful ultraviolet rays**
[há:rmfl] [ʌltrəváiəlit] [réiz]

738 **read the thermometer**
[θərmámətər] ◀アク

739 **the maximum rainfall**
[mǽksiməm] [réinfɔ:l]

740 **the minimum rainfall**
[mínuməm]

75 Going for the Bronze

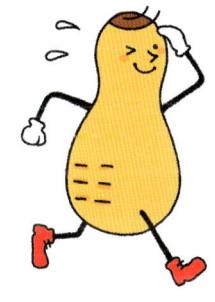

もう少しでゴールです

741	涼しい 風
	a c..l br...e

742	谷間 に 住みつく 農業
	se..le in the va...y

743	豊かな 農地
	rich far....d

744	種 を まく
	s.w s..ds

745	作物 を 育てる
	r...e c..ps

746	豊作 を 得る
	r..p a bo......l har...t

747	丘や 牧場
	hills and mea...s

748	井戸 を 掘る
	d.g a w..l

749	りんご 畑 植物
	an apple orc...d

750	酸っぱい ぶどう (負け惜しみ)
	s..r grapes

bountiful
breeze
cool
crop
dig
farmland
harvest
meadow
orchard
raise
reap
seed
settle
sour
sow
valley
well

75 Going for the Bronze

CD 76

741 **a cool breeze**
[kúːl] [bríːz]

742 **settle in the valley**
[sétl] [væli]

743 **rich farmland**
[fáːrmlænd]

744 **sow seeds**
[sóu] [síːdz]

745 **raise crops**
[réiz] ◀発音 [kráps]

746 **reap a bountiful harvest**
[ríːp] [báuntifl] [háːrvist]

747 **hills and meadows**
[médouz] ◀発音

748 **dig a well**
[díg]

749 **an apple orchard**
[æpl] [ɔ́ːrtʃərd]

750 **sour grapes**
[sáuər] ◀発音

76 Going for the Bronze

私の振る旗
見えますか

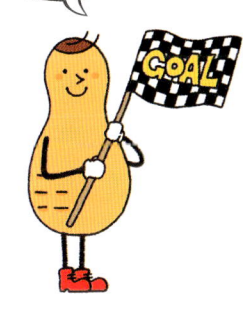

bunch
cage
crow
flock
goose
hate
hedge
lay
mad
parrot
plant
spider
tropical
web
whistle

751	バラの花束 a b...h of roses
752	熱帯植物 tro....l pl..ts
753	生垣を植える pl..t he..es
754	くもの巣　動物 a sp...r's w.b
755	かごの中のオウム a pa...t in a c..e
756	金の卵を生むガチョウ the go..e that l.ys the golden eggs
757	ヘビを嫌う h.te snakes
758	狂犬 a m.d dog
759	カラスの群 a fl..k of c..ws
760	口笛で犬を呼ぶ wh...le for the dog

76 Going for the Bronze

CD 77

751 a bunch of roses
[bʌ́ntʃ]

752 tropical plants
[trɑ́pikl] [plǽnts]

753 plant hedges
[hédʒiz]

754 a spider's web
[spáidərz]

755 a parrot in a cage
[pǽrət] [kéidʒ]

756 the goose that lays the golden eggs
[gúːs] [léiz] [góuldn]

757 hate snakes
[héit] [snéiks]

758 a mad dog
[mǽd]

759 a flock of crows
[flɑ́k] [króuz] ◀発音

760 whistle for the dog
[hwísl]

77 Going for the Bronze

とてもいい顔しているよ

beast
bury
evolution
existence
fittest
flesh
forest
human
inhabit
mount
nut
pony
protect
squirrel
struggle
survival
theory
wildlife

761 ポニー に 乗る
m...t a p..y

762 森 に 棲む
inh...t fo...ts

763 木ノ実 を 埋めている リス
a squ...el b..ying n.ts

764 百獣 の王
the king of be..ts

765 肉食 動物
fl..h-eating animals

766 進化 論
the th...y of evo.....n

767 人間の 進化
h...n evo.....n

768 生存 競争
the str...le for exi.....e

769 適者 生存
sur....l of the fit...t

770 野生生物 を 守る
pro...t wi....fe

77 Going for the Bronze

CD 78

761 mount a pony
[máunt] [póuni]

762 inhabit forests
[inhǽbit] [fɔ́:rists]

763 a squirrel burying nuts
[skwə́:rl] [bériiŋ] ◀ 発音

764 the king of beasts
[bí:sts]

765 flesh-eating animals
[fléʃ]

766 the theory of evolution
[θí:əri] [evəljú:ʃən]

767 human evolution

768 the struggle for existence
[strʌ́gl] [igzístəns]

769 survival of the fittest
[sə:rváivl]

770 protect wildlife
[prətékt] [wáildlaif]

78 Going for the Bronze

やったね、ガッツポーズを決めましょう

771 大量の紙を 消費する 物質
con...e a lot of paper

772 価値ある 鉱物
val...le min...ls

773 純金
p..e gold

774 銀を 産出する
yi..d silver

775 銅山
a co...r m..e

776 金属 を 溶かす
m..t m...ls

777 奇跡 が 起った
A mi...le has ha....ed!

consume
copper
happen
melt
metal
mine
mineral
miracle
pure
valuable
yield

78 Going for the Bronze

CD 79

771 **consume a lot of paper**
[kənsjúːm]

772 **valuable minerals**
[væljuəbl] [mínərlz]

773 **pure gold**
[pjúər]

774 **yield silver**
[jíːld]

775 **a copper mine**
[kápər] [máin]

776 **melt metals**
[mélt] [métlz]

777 **A miracle has happened!**
[mírəkl] [hǽpnd]

Going for the Bronze

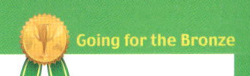

77個 一気食いへの挑戦！

挑戦日	所要時間	正答数
1 年　月　日	分　秒	/77
2 年　月　日	分　秒	/77
3 年　月　日	分　秒	/77
4 年　月　日	分　秒	/77
5 年　月　日	分　秒	/77
6 年　月　日	分　秒	/77
7 年　月　日	分　秒	/77
8 年　月　日	分　秒	/77
9 年　月　日	分　秒	/77
10 年　月　日	分　秒	/77

繰り返しは無限の喜びである

英単語つれづれ草

8.「説明したくない！」の巻

「先生、ところで語呂あわせで覚えるのはどうですか？」「どういうやつだ？」「例のあれですよ、kennelは犬が寝るからケンネルで、dictionaryは字引く書なりで辞書というあれです」

「わたしはそういうやりかたは一度もしたことがない」

「本当ですか？　どうして、ダメなんですか？」

「説明したくない！」「でも何か言ってくださいよ」

「それについては、駿台の伊藤和夫先生が『英語の学習法』（駿台文庫）」のp.19ですでに十分にいっておられる。私が何もつけ加えることはない。本屋で立ち読みしてごらん。しかし、この本は買って、全部を読んでも決して損はない。いっさい受験生に媚びることなく、何十年という受験問題の研究と実際の受験指導の経験から、現実的に正味をきっちりと出している。実に良心的な本だ」

「でも先生、受験生は『もっとラクできるぞ！』というのに弱いんですよ」

「ちょっと君、耳を貸してごらん」

「何かいいことコッソリ教えてくれるんですか？」

「ちがう、ちがう、耳の掃除だ。どうも君の耳は甘ったるいことしか受けつけないようだから、奥のほうから掃除してやろう。無責任で受験生受けするような**甘ったるい言葉に耳を貸すより、少々耳あたりがきつくても、本当のことをいってくれる人の言葉を信じて努力する方が、合格の可能性が断然高くなる**のがわからんのかな。ほら、耳！耳！」

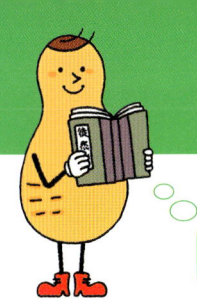

英単語つれづれ草

9.「証拠を残せ」の巻

　おお、君はだいぶスラスラやってるな。その調子、その調子。

　あれ、あなたちょっと焦り気味だぞ。他人のペースを気にするな。それをやるとテキメンにいかん。最初は地道にコツコツでいいんだ。そうすれば、だんだん加速度がついてくる。「あなた遅いわね」といわれても、敗けるなよ。

　お、おぬしはもう金銀銅と全部持ってるのか。どれどれ、なんだ、一所懸命に線を引いて読んでいるのは「つれづれ草」のところだけじゃないか。まあいいだろう。そんなに気に入ったのなら、飽きるまで読め。そのうち本文をやりたくなる。

　いいかみんな、自分のペースを守って、好きなようにやっていいぞ。だけど、ひとつだけ注意しておく。最初に、「この本の使い方」で説明したように、**自分が食べたピーナツはそのつど、日本語のほうに印をつけておけ**。なぜだかわかるか？　人間は勝手なもので、本当は1週間やって、3ヵ月休みなんて調子で、つごう3回くらいしかやってなくても、時間だけは経過しているから、10回くらいに錯覚する。それを他人に言うときには「オレ何十回もやったけど、おぼえられなかった」となる。ところが、記録をつけておけば、本を手にしてから、1年たとうが、10年たとうが、3回は3回だ。わかるな。それに、自分は何回くらいでスラスラできるようになるか見当もつく。友達の努力と自分の努力の差もはっきりと残るから、変な劣等感も生まれない。やってなきゃ出来なくて当たり前。よろしいですね。

Going for the Bronze

INDEX

※数字は英文の通しナンバー

A

- ability 84,188,534
- absolute 236
- absorb 32
- absurd 546
- academic 83
- accept 109
- accident 425
- accompany 327
- accomplish 550
- accumulate 325
- accuse 623
- achieve 549
- achievement 83,539
- acquire 556
- action 600
- active 588
- actual 561
- adapt 559
- add 707
- admire 649
- admit 415
- adopt 148
- adult 436
- advance 153
- advantage 584
- adventure 546
- advertisement 46
- advice 146
- affair 117
- affect 348
- affection 640
- age 248
- aggression 397
- agreement 386
- aim 550
- aloud 8
- alter 440
- amazing 646
- ambition 538
- amount 29
- amusement 184
- analysis 14
- ancestor 231
- ancient 246
- anger 643
- angle 601
- ankle 483
- annoy 99
- annual 319
- antarctic 728
- anxiety 547
- apology 663
- appearance 674,675
- appetite 459
- appliance 694
- application 274
- apply 273
- approach 599
- approaching 75
- approval 607
- approve 372
- architecture 683
- arctic 730
- argue 357
- argument 589,590,591
- arrangement 578
- arrow 392
- art 568
- artificial 277
- ashamed 214
- assembly 362
- assist 116
- associate 108
- astonishing 647
- astronaut 715
- athlete 189
- athletic 188
- atmosphere 669,727
- atomic 400
- attach 178
- attain 229
- attempt 527
- attend 129
- attention 49,471
- attentive 200
- attitude 611
- attract 49
- attractive 174
- audience 50,200
- authority 236,619
- automobile 425
- average 445
- avoid 39
- await 607
- awaken 558
- award 192

B

- background 242

197

☐ baggage	177	☐ broaden	562	☐ chew	458
☐ balance	720	☐ Buddhist	233	☐ choice	134,135
☐ ban	469	☐ bunch	751	☐ choose	133
☐ bandage	476,477	☐ bundle	323	☐ Christian	234
☐ bare	451	☐ burden	215	☐ circular	303
☐ barrier	23	☐ burst	666	☐ circumstance	106
☐ basic	566	☐ bury	763	☐ civil	377
☐ basis	269	☐ business	314,351	☐ civilization	246
☐ battle	394	☐ button	671	☐ classical	203
☐ bean	701			☐ classify	2
☐ bear	537,551	**C**		☐ clear-cut	412
☐ beast	764	☐ cabin	682	☐ cliff	726
☐ behave	439	☐ cage	755	☐ climate	735
☐ behavior	213,440	☐ calculate	331	☐ coat	676
☐ bend	516	☐ calculation	296	☐ college	63
☐ benefit	337	☐ calm	734	☐ combine	120
☐ bill	323,372,373	☐ cancer	478	☐ comfort	514
☐ birthday	435	☐ capable	140	☐ commercial	333
☐ bite	450	☐ capture	207	☐ commit	409
☐ bitter	464	☐ care	470,472	☐ common	218,510
☐ blame	662	☐ career	153	☐ communication	36
☐ blessing	363	☐ carelessness	81	☐ community	383
☐ blood	452,453,522	☐ carpenter	685	☐ company	125,138
☐ bloody	394	☐ carve	196	☐ compare	329
☐ boast	142	☐ castle	393	☐ competition	61
☐ bodily	441	☐ cause	285,724	☐ complain	330
☐ bold	593	☐ celebrate	435	☐ complaint	123
☐ bomb	400	☐ cell	442	☐ complete	668
☐ boring	151	☐ ceremony	225	☐ complex	296
☐ bother	122	☐ change	281,331,496	☐ complicated	265
☐ bound	564	☐ channel	185	☐ compose	199
☐ bountiful	746	☐ chaos	422	☐ composition	15
☐ bow	338,392	☐ character	52	☐ compromise	147
☐ brain	442	☐ chase	407	☐ conceal	641
☐ bravery	650	☐ cheap	175	☐ concentrate	76
☐ breath	455	☐ cheat	82	☐ concise	35
☐ breathe	454	☐ check	453	☐ conclude	604
☐ breeze	741	☐ cheer	484	☐ conclusion	605
☐ bride	128	☐ chemical	280	☐ conduct	211,263
☐ bring	475	☐ chest	449	☐ conference	384

confidence	658	crime	408	democracy	361
confident	24	crisis	346	democratic	360
conflict	251,598	criticism	621,622	demonstrate	503
confrontation	418	criticize	620	deny	612
confusing	19	crop	745	depart	182
confusion	421	crow	759	departure	183
congratulate	191	corrupt	376	depend	96
congratulation	130	cruel	105	depth	305
connect	163	cultivate	115	describe	429
conquer	531	cultural	197	desert	92
conquest	714	culture	244	despair	554
conscience	216	cure	478	despise	619
conscious	523	curiosity	637	destroy	721
consider	290	current	317,733	destructive	642
consideration	652	custom	247	detective	206
consist	302	customer	338	determine	136
construct	267	cute	433	develop	190
construction	684			development	444
constructive	622	**D**		device	695,696
consult	466	deal	265	devote	520
consume	771	death	217,423,424	dictionary	25,27
contain	418	debate	587,588	diet	488
continent	728	debt	325	differ	597
convenient	695	deceased	230	difference	497
conversation	40,41	deceive	420	different	596
convey	5	declaration	364	difficult	70
conviction	657	decline	110,186	difficulty	532
convince	50	decorate	692	dig	748
convincing	413	decrease	350	digest	458
cool	741	deeply	454	dignity	378
cooperate	119	defeat	396	diligent	65
cooperation	385	defend	393	direction	170
copper	775	defense	443	dirty	419
cough	463	deficit	354,355	disadvantage	584
country	367	definite	508	disagree	235
courage	648,649	degree	307	disappear	574
course	171,600	delay	164	discuss	358
crawl	434	delicious	706	discussion	585,586
create	359	delight	631,632	disease	465
creative	524	demand	144,145,340	disgust	641

dish	700	elementary	56	exclaim	632
dishonor	217	emerge	326	exercise	187
dislike	638	emotion	629	exhaust	581
disorder	422	emotional	654	exhibit	650
display	499	emphasize	53	exist	237
distant	101	employ	687	existence	717,768
distinct	283	employee	140	expand	711
distinguish	221	employer	156	expedition	729
distinguished	467	employment	157	expense	63,176
distribute	47	empty	456	expensive	708
district	333	enable	1	experience	560,561
distrust	626	encounter	528	experiment	270,271
disturb	720	endeavor	524,525	expert	146
divorce	127	endure	536	explanation	35,266
document	243	enemy	395,420	explode	643
domestic	358	energy	278,279,346	explore	713
driver	166	engage	587	export	352
drought	723	enormous	29	expression	18,19,627
dull	73	enterprise	517	extend	162
		entertain	111	extreme	294

E

		enthusiasm	521		
		entire	348		

F

		environment	559,718,721		
eager	64	envy	659	face	557
earlier	45	equality	365	facial	627
earn	137	error	272	fact	612,646
earnest	525	escape	427	factor	288,602
earth	727	essence	209	factory	255,256
earthquake	722	establish	370	faculty	569
economic	344	estimate	299,306	failure	553
economics	339	evidence	412	fairly	390
economy	341	evil	219,220	fairy	201
edge	726	evolution	766,767	faith	226
educate	51	exact	297	faithful	656
education	54,57	examination	60,75	fame	540
effect	285,719	examine	243	familiar	112
effective	36	example	71	family	87,89,90,91
effort	523	exception	293	famine	724
elder	661	exchange	107,197	fancy	565
election	375			fare	169
electric	694			farmland	743
electricity	697				

fate	105
fatigue	489
fault	222
favor	351
favorable	628
favorite	72
fear	531
feature	446
feeble	473
female	715
festival	245
fever	475
field	518
figure	297,298,447
financial	349
firm	657
firsthand	560
fist	451
fit	769
flash	500
flat	168
flesh	765
flock	759
flood	723
flourish	341
fluent	10
foe	396
folk	202
forbid	126
force	120
foreign	179
foreigner	108
forest	762
forever	310
forget	664
forgive	664
formation	52
former	156
fortunate	135
fortune	321,540
foundation	67
frank	43
freedom	362,363
freeze	423
frequent	113
fresh	494
friendly	114
friendship	115
frightful	239
fruit	551
fulfill	210
function	441
fundamental	379
fur	676
furnish	693
future	136,252

G

garbage	699
gardener	687
gas	399
general	375
generational	251
generous	660
genius	500
genuine	521
ghost	239
global	603
glory	542
goal	511
God	237
golden	756
goose	756
govern	712
government	370,620
gradual	281
graduate	59
grammatical	14
grape	750
grasp	567
grateful	667
grave	232
greed	659
greenhouse	719
greeting	107
grief	634
grieve	635
grin	537
groom	128
grown-up	437
growth	432
guess	4,305
guest	111
guilt	215,415

H

habit	498
half	208
handle	530
happen	777
happiness	512
hardship	536
harmful	737
harvest	746
haste	315
hate	639,757
haunted	238
headache	460,461
heal	479
heated	586
hedge	753
height	445
hell	60
hesitation	544
high school	58,59
hill	747
historian	241
historical	242
history	250
hold	455

☐ honor	539	☐ inconvenient	691	☐ interpret	37
☐ hope	513	☐ increase	1,149,343	☐ interpreter	24
☐ horizon	562	☐ independence	364	☐ interrupt	44
☐ horrible	465	☐ independent	367	☐ interval	312
☐ horror	398	☐ individual	282	☐ interview	38
☐ hour	313	☐ individuality	53	☐ intuition	495
☐ household	94	☐ industrial	253	☐ invention	28
☐ housewife	93	☐ industry	534	☐ investigate	286
☐ housework	95	☐ infant	54	☐ investigation	287
☐ huge	336	☐ inferior	573	☐ invisible	492
☐ human	378,379,380,767	☐ infinite	291	☐ invitation	109,110
		☐ influence	48	☐ involve	124
☐ humor	665	☐ inform	410	☐ irregular	313
☐ hunger	457	☐ information	29,30,31,32	☐ issue	358
☐ husband	131	☐ inhabit	762		
☐ hut	681	☐ inherit	324	**J**	
		☐ injure	482	☐ jealous	132
I		☐ injury	427,428	☐ jeans	673
☐ idea	592,593	☐ injustice	389	☐ job	151,155
☐ ideal	66,359,510	☐ inn	180	☐ joke	609
☐ idiomatic	18	☐ innocence	416	☐ journey	181
☐ idle	533	☐ inquire	504	☐ joy	633
☐ ignore	613	☐ insist	599	☐ judgment	606,608
☐ illness	485	☐ inspect	177	☐ justify	211
☐ imagination	207,563,564	☐ inspire	658		
		☐ instance	294	**K**	
☐ imaginative	262	☐ instinct	507	☐ keen	260
☐ imitate	7	☐ instruct	143	☐ knowledge	555
☐ immediate	529	☐ instructive	71		
☐ immoral	213	☐ instrument	198	**L**	
☐ import	356	☐ insult	218	☐ label	178
☐ impossible	527	☐ intellect	572,573	☐ labor	150
☐ impression	628	☐ intellectual	570	☐ labor-saving	696
☐ impressive	11	☐ intelligence	277	☐ lack	505
☐ improve	488	☐ intelligent	40	☐ land	172
☐ improvement	283	☐ intend	506	☐ landscape	194
☐ impulse	642	☐ intention	121	☐ language	16,21,22,23
☐ incident	429	☐ interest	494,598,636	☐ last	310
☐ include	176	☐ international	384,385	☐ latter	208
☐ income	318,319			☐ laughter	666

laundry	679
law	387
lawn	689
lay	67,756
laziness	623
leaflet	47
leap	545
leather	678
lecture	73
leisure	149
length	304
lesson	68
liberty	365
license	166
life	87,103,533,554,731
lifetime	157
light	491
likely	292
literature	203,209
lively	41
living	137,320
local	383
location	691
lofty	538
log	682
logical	590
long	403
lonliness	634
look	37,624,667
loose	672
lose	459,644
loss	635
lot	698
loving	472
loyal	655
luck	541
luxury	332

M

machine	257
machinery	256
mad	758
maintain	513
major	62,224,347
male	436
manage	94
mankind	252
marine	731
marriage	127
material	254,265,345
mature	438
maximum	739
meadow	747
meal	706
meaning	3,4,5
means	158
measure	160,304
mechanically	78
mechanism	443
medical	468
medicine	463
meeting	575
melt	776
memorize	78
memory	77,576
mental	489,490,569
mention	45
merchandise	352
mere	33
metal	776
method	66
mild	735
mind	229,504
mine	775
mineral	772
minimum	740
minor	428

miracle	777
misfortune	104
mission	241
mistake	79,80
mistaken	592
misunderstand	121
mixed	629
moderate	187
modern	339,683
modest	321
moment	311
money	514,520
motion	303
motive	212,625
motorcycle	167
mount	761
movement	381,709
mow	689
murder	409
muscle	190
musical	198
mutual	337

N

nail	450
naked	397
native	21
natural	718
nature	720
nearby	328
necessary	219
necessity	332
needle	670
negative	610
neglect	74
neighbor	122,123
neighborhood	686
nephew	102
nerve	548
newspaper	46

niece	102
nightmare	240
novel	205
nuclear	401,402
nursery	55
nut	763

O

obey	216
object	579,640
objective	509
oblige	165
observation	261
observe	247
observer	260
obstacle	528
obtain	31
obvious	80,605
occasion	316
occasional	461
occupation	133
occur	722
ocean	730
offer	154,411
operate	275
opinion	594
opportunity	543,545
oppose	373,595
opposite	170
option	580,581
orchard	749
order	387
ordinary	382
organize	729
origin	22
original	571
other	124
others	119,652
outcome	430
outline	567

| overcome | 532 |
| owe | 552 |

P

package	175
pain	480,481
paint	194
painting	193
pale	462
parent	96,97,98,99
parrot	755
part	302
participate	585
particular	471
passenger	159
passion	258
passive	184
path	542
patient	261,474
pause	311
pay	471
PC	275
peace	229,403,404,405,406
perceive	496
perception	493
perfect	9
peril	361
permanent	406
permission	98
permit	308
person	470
personal	117
perspective	603
persuade	97
phenomenon	286
philosophy	103
phrase	17
physical	444,446
physics	62

picture	195
pile	699
pill	464
pioneer	518
pity	616
plain	16
planet	716
plant	752,753
pleasant	88
pleasing	674
pocket	677
point	597
poison	399
police	410
polite	17,615
political	366
politician	376
politics	357
pony	761
popularity	186
population	432
portion	301
position	152
positive	611
possess	502
possibility	290,291
postpone	183
pour	704
poverty	326
power	368,369,503,505
practical	274
practice	9
pray	404
prayer	228
precious	309
prefer	217
preservation	507
preserve	718
press	39

☐ pressure	453	☐ purpose	508	☐ regard	609
☐ prevent	401	☐ purse	322	☐ region	173
☐ previous	578	☐ pursue	511	☐ regret	81
☐ price	329,330	☐ pursuit	512	☐ regular	312
☐ priest	233			☐ regulation	388
☐ principal	509	**Q**		☐ reject	145
☐ principle	268,515,516	☐ quality	526	☐ rejoice	630
☐ printing	28	☐ quantity	526	☐ relation	114
☐ privacy	118	☐ question	42	☐ relationship	285
☐ prize	192	☐ quiet	548	☐ relative	101
☐ probable	289	☐ quit	155	☐ relaxed	669
☐ problem	69,70			☐ release	654
☐ product	248	**R**		☐ reliable	414
☐ production	343	☐ radical	594	☐ relieve	481
☐ productive	334	☐ railway	162	☐ religion	224,235
☐ profit	335,336	☐ rainfall	739,740	☐ religious	225,226,227
☐ progress	344,468	☐ raise	745	☐ remain	284
☐ prohibit	356	☐ range	134	☐ remark	647
☐ project	371	☐ rapid	12	☐ remarkable	486
☐ promote	197	☐ rare	293	☐ remind	577
☐ promotion	141,142	☐ raw	254	☐ remote	172
☐ pronounce	6	☐ ray	737	☐ remove	477,703
☐ pronunciation	7	☐ reach	386	☐ rent	690
☐ proof	413	☐ reaction	610	☐ repair	168
☐ properly	439	☐ reality	557,558	☐ replace	276
☐ property	324	☐ realize	335	☐ reply	43
☐ proposal	583	☐ reap	746	☐ request	38,613,614
☐ propose	147	☐ reasonable	266	☐ require	648
☐ prospect	141	☐ recall	575	☐ research	263
☐ prosperity	345	☐ recent	264	☐ resemble	448
☐ protect	90,770	☐ recommend	205	☐ reserve	161
☐ protest	381	☐ recover	485	☐ resist	617
☐ prove	416	☐ recovery	486	☐ resort	417
☐ provide	30	☐ reduce	355	☐ respect	118,661
☐ public	51	☐ refer	25	☐ respond	42
☐ publish	27	☐ reflect	249	☐ responsibility	210
☐ pulse	473	☐ refresh	77	☐ responsible	152
☐ punishment	391	☐ refusal	615	☐ result	289
☐ purchase	342	☐ refuse	614	☐ retain	369
☐ pure	773	☐ regain	487	☐ reveal	34

review 68	seek 146,514	solution 292,529
revolution 253	seize 543	solve 69
reward 411	select 185	soul 230
rich 743	self-preservation 507	sound 495
ride 167	selfish 212	sour 750
right 221,379,380	sense 218,665	source 278
ripe 705	senseless 388	sow 744
robber 407	sentence 13	space 714
role 93	serious 427,589	specialist 466
roof 736	servant 377,656	specific 298
root 220	settle 742	spectrum 492
rough 299	severe 391	speech 11
round-the-world 181	sew 671	spice 707
ruin 349	shame 553	spider 754
rule 86	share 95	spill 702
rumor 33	shelter 680	spirit 660
	shift 171	spiritual 501
S	shortage 150	spoil 271
sacrifice 91	show 295	squirrel 763
safety 160	shrine 223	stability 366
saint 234	shy 653	stable 87
sake 568	sick 470,479,484	stack 700
sale 350	silly 591	staff 180
satisfaction 668	similar 106	stain 703
satisfy 457	simple 69	stand 204
scenery 174	sincere 663	standard 320
scholar 262	site 684	stare 195
scholarship 85	situation 317,530	starve 424
science 258,259	skillful 685	statistics 295
scientific 269,270	slave 257	statue 196
scold 100	slender 447	status 549
scream 480	slight 460,496	steady 318
sculpture 193	slope 307	steep 725
search 677	smoking 469	stick 515
seat 161	snake 757	stimulate 494,637
secondary 57	social 389,549	stomach 449,456
secret 34	society 359,360	strain 490
secretary 143	solar 279	strength 487,501
secure 405	sole 431	stretch 563
seed 744	solid 67	strict 160

string	322	taste	636	transport	159
strive	519	taxi	169	transportation	158
structure	13	tear	522	treat	390
struggle	768	technology	259,273	tremble	631
subject	72	telescope	708	tremendous	648
substance	280	television	48	trial	272
success	519,552	temper	644	trick	419
suffer	104	temperature	474	tropical	752
sufficient	84	temple	223	trust	606
suggest	580	temptation	617,618	turn	462
suggestion	582	tempting	154	twist	483
suitable	131	tender	472	typewriter	276
sum	300	tension	547	typical	79
sunbathe	736	term	20		
superior	572	terrible	240		

U

supermarket	328	thank	228	UFO	717
supply	340	theory	267,766	ultraviolet	737
support	89,655	thermometer	738	uncertainty	535
suppress	380	thick	323	unchanged	284
surface	732	thinker	571	unconscious	498
surgeon	467	thirst	555	understanding	566
surplus	353	thorough	287	universal	268
surround	395	thread	670	universe	
surrounding	88	threat	347	710,711,712,713	
survey	264	tidal	733	upset	645
survival	769	tide	250	urge	600
survive	402	tidy	675	urgent	314
survivor	431	tight-fitting	673	useful	582
suspect	625	timely	426	utilize	279
suspicion	626	tiny	681		

V

suspicious	624	tire	168	vacant	698
sweat	522	tolerate	535	vague	20
sweater	672	tough	61	valley	742
sympathize	651	tour	175	valuable	772
		tourist	179	value	608
		trade	353,354	variety	3

T

		tradition	244	various	173,288
tackle	70	traditional	245	vary	282
tale	201,202	tragic	430	vast	710
talent	499	translate	26		
target	621				

venture	334	wildlife	770
verb	2	will	502,503,505
vessel	452	willing	139
victim	408	win	85,506
view	574,595	winner	191
viewpoint	596	wisdom	556
vigor	570	witness	414
violate	86	woman	437
violence	417	word	6
violent	418	worker	139
visible	491	workweek	148
visit	232	world-class	189
visitor	113	worship	231
visual	493	worth	583
vivid	576	worthwhile	517
vocabulary	1	wound	476
vote	374	wrist	482
		wrong	221

W

Y

wage	144	yield	618,774
wait	165	youngster	58
wallet	678
wander	255

Z

war	398,401,402	zeal	227
warning	426
waste	309,697
wealth	368
weather	734
web	754
wedding	129
weed	688
weep	633
weigh	602
welfare	371
well	748
whistle	760
whole	301
width	306
wife	132
wild	565

学習に便利な『日本語 → 英語』の音声を
ダウンロード販売中！　　各コース定価420円

Nan'Un-Do's STORE
https://nanundo.stores.jp

『英単語ピーナツ』で検索！

英単語ピーナツ
ほど
おいしいものはない

Going for the Gold

Going for the Silver

Going for the Bronze

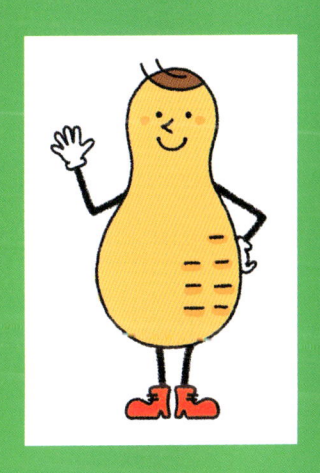

大ベストセラーシリーズ◆待望の **新刊**！

史上最高のコラボ完成!!
安河内哲也×英単語ピーナツ

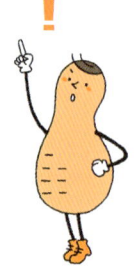

センターから やり直しまで
英語は**ピー単**を**音読**しろ！

英単語ピーナツ BASIC 1000

language
barrier

CD Book

安河内哲也
佐藤誠司　共著

● 英語学参・語学書
● 四六版／280ページ

ISBN978-4-523-25156-9 C7082

英単語ピーナツほどおいしいものはない 銅メダルコース　CD付(改訂新版)

2011年 4月 5日　1刷
2024年 1月15日　14刷

著　者	清　水　加津造
発行者	南　雲　一　範
印刷所	日本ハイコム株式会社
製本所	有限会社松村製本所
発行所	株式会社　南雲堂

東京都新宿区山吹町361番地／〒162-0801
振替口座・00160-0-46863
TEL (03) 3268-2311　FAX (03) 3260-5425
E-mail：nanundo@post.email.ne.jp
URL：http://www.nanun-do.co.jp

乱丁・落丁本はご面倒ですが小社通販係宛ご送付下さい。
送料小社負担にてお取替えいたします。

Printed in Japan　〈検印省略〉

ISBN978-4-523-25153-8　C7082　〈G-153〉

銅メダルコースを修了された方は！！

Going for the Gold
金メダルコース

Going for the Silver
銀メダルコース

英単語 ピーナツ
ほど
おいしいものはない

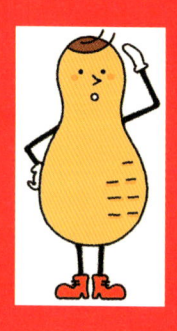

全国の書店にて絶賛発売中！

南雲堂　〒162-0801　東京都新宿区山吹町３６１
TEL 03-3268-2384　　FAX 03-3260-5425
URL http://www.nanun-do.co.jp

Contextualized English for Business Purposes:
A Project Cycle from A to Z

寺内　はじめ編著

ビジネス・キャッツ
プロジェクトで学ぶ実践ビジネス英語
Cats

音声が無料で**ダウンロード**出来ます！
http://business-cats.net

A5判　208ページ　定価（本体1800円＋税）

会社を救え、太郎君！

日本とアメリカのビジネス舞台で大活躍。
人工太陽光線開発プロジェクトスタート！

プロジェクトの企画・立案、
プレゼンテーション、クレーム対応までの
あらゆるシーンを網羅。
シミュレーションしながら鍛える
実践型ビジネス英語の決定版！

南雲堂
NAN'UN-DO

南雲堂

宮岸羽合 **編著** Miyagishi Hago

英単語レボリューション

Book 1 クラシック　**Book 2** ルネサンス I　**Book 3** ルネサンス II　**Book 4** モダン
Classic　　Renaissance I　　Renaissance II　　Modern

新書判　各定価（本体700円＋税）

便利なハンディー・タイプ！
いつでも、どこでも参照できる！
『英単語ピーナツほどおいしいものはない 金・銀・銅』
に続く新機軸の単語集！

特徴
※音声をインターネットからダウンロード出来ます（有料）

1. コロケーションだから、実力がつく
● 同時通訳者がコロケーション（連語）を覚えて育っていくように、本書はコロケーション重視だから覚えやすい、だから実力がつく。

2. 復習方式
● Classicの動詞はすべてRenaissanceに再登場、Renaissanceの名詞もほとんどがModernに再登場、つまり動詞や名詞は復習しながら覚えられる。

3. 速習対応
● 時間のない人はClassicとModernの2冊だけでも、本書の単語の99.8%をカバー、Renaissance I・IIとModernの3冊なら100%カバー、速習対応。

4. こだわりの例文・コロケーション
● 多くの用例は英語圏の新聞、雑誌、書籍から収録し、3人のネイティブスピーカーがチェック、Google検索でヒット数の少ないものは排除するこだわり。

5. iPodやiPhoneで聴ける
● 用例はインターネットでダウンロード（有料）してすぐにiPod等で聴ける、時代の最先端を行く英単語集。

*使用環境を満たしていることが条件、iPod、iPhone、iTunesはアップル社の登録商標です。その他の商標はその会社のものです。

6. レベルと対象
● 難関大学入試対応、社会人の英語力向上、通訳・留学の基礎力養成に威力を発揮、TOEFL®やTOEIC®などの英語資格試験対策にも活用できる、英語教師必携。

超基礎から応用まで！！

英文法ビフォー＆アフター
〔改訂新版〕

珠玉の英語構文無料音声ダウンロード付
実用性のある 100 の例文を選定！
（日本語→英語の音声 + 英文記載の PDF を無料ダウンロード）

著者
（関西大学名誉教授）
豊永 彰（とよなが・あきら）

A5 判並製／512 ページ／定価 2,310 円（10% 税込）
ISBN978-4-523-25164-4　C0082

◆ 文法用語の懇切丁寧な説明―名称の意味を知ることが英文法理解の本質に迫ることにつながる
◆ 覚えていた方がよい事柄を記憶にとどめる定着の方法を示す
◆ TOEIC® テスト対策、英会話学習等の広範囲に役立つ英語力をマスターできる
◆ フルカラー／例文の無料音声ダウンロード付

南雲堂　**TEL 03-3268-2384**
東京都新宿区山吹町 361

好評発売中　TOEIC学習参考書

『新TOEIC®テスト 最重要英単語500 1語1分 超速マスター』

並製四六判　CD付　272ページ　定価(本体1,300円+税)

宮野智靖 監修　　山本淳子／石澤文子 著

TOEICの学習に役立つ英国人、米国人別収録の音声CD付き

TOEICの最重要英単語を短時間マスター！

語呂合わせとイラストで学習効果大幅アップ！

一度覚えたら忘れない暗記メソッド！

英・米織り交ぜた音声で英語耳を鍛えます！

南雲堂
NAN'UN-DO